中国轮滑协会推荐优秀课程

轮滑技术精进与突破

厉中山 ◎ 著

北京体育大学出版社

策划编辑：吴海燕

责任编辑：吴海燕

责任校对：曾　莉

版式设计：精彩视觉

图书在版编目（CIP）数据

轮滑技术精进与突破 / 厉中山著. –– 北京：北京
体育大学出版社, 2023.12
ISBN 978-7-5644-3817-3

Ⅰ.①轮… Ⅱ.①厉… Ⅲ.①滑轮滑冰 – 基本知识
Ⅳ.①G862.8

中国国家版本馆CIP数据核字(2023)第009683号

轮滑技术精进与突破　　　　　　　　　　　　　　　　　　　厉中山 著
LUNHUA JISHU JINGJIN YU TUPO

出版发行：北京体育大学出版社
地　　址：北京市海淀区农大南路1号院2号楼2层办公B-212
邮　　编：100084
网　　址：http://cbs.bsu.edu.cn
发 行 部：010-62989320
邮 购 部：北京体育大学出版社读者服务部 010-62989432
印　　刷：北京瑞禾彩色印刷有限公司
开　　本：710mm×1000mm　　1/16
成品尺寸：170mm×240mm
印　　张：10
字　　数：176千字
版　　次：2023年12月第1版
印　　次：2023年12月第1次印刷
定　　价：58.00元

目录

第一章

轮滑运动项目简介

速度轮滑

　　速度轮滑赛可分为公路赛与场地赛。公路赛的跑道可以是开放式的，也可以是封闭式的。场地赛场地的周长为200米，跑道宽度为6米，弯道半径为13.42米。速度轮滑赛为计时赛，可分为分组计时赛与团队计时赛。

　　速度轮滑竞赛项目如下。

· 争先赛

争先赛是名次竞争的短距离比赛，采用轮次淘汰的办法产生优胜者。

· 淘汰赛

　　淘汰赛是指在比赛途中设一个或多个固定淘汰点，淘汰一名或多名落后的运动员，按淘汰的逆顺序排列名次，未被淘汰且首先到达终点的运动员获得冠军。在比赛前由裁判长宣布淘汰办法；在比赛过程中，场上至少要保留5名运动员完成比赛。例如，15000米淘汰赛，此项比赛竞争激烈，能给观众带来紧张刺激的心理感受。运动员在竞赛滑行全程都要保持高度的注意力，稍有松懈就会在淘汰点被淘汰。

· 群滑赛

　　群滑赛是集体出发，以计时成绩决定名次的比赛。群滑赛在场地或公路上进行，参赛人数不限，可举行多轮次的比赛。根据记录的淘汰时间排列被淘汰的运动员的名次。

·积分赛

积分赛是以争夺积分的形式决定胜负的比赛。在比赛途中设若干个积分点，运动员通过争夺积分点的名次来获得相应的积分，以积分的多少排列名次，积分高者名次列前。这项比赛，不仅要考量运动员的耐力，而且要考验运动员临场的突然加速能力，同时也是智慧的较量。为了增加观赏性和竞争性，终点的积分要比途中的积分高，为3分，途中则有2分、1分，这就给赛事结果增添了更多的不确定性。

·积分淘汰赛

积分淘汰赛是积分赛与淘汰赛相结合的比赛。在特定圈数给领先的运动员增加积分，淘汰落后的运动员。这项比赛最后的胜利者是未被淘汰且积分最高的运动员。比赛给观众的感受是淘汰赛和积分赛紧张刺激度的双重叠加，不确定性是这个项目最大的特点。此项目是所有速度轮滑项目中最受欢迎的，观众经常因运动员精彩的发挥而欢呼雀跃。

·接力赛

接力赛是各代表队绝对实力、团队配合、交接技术的全面较量。每队由3名运动员参赛，每人最少完成一次接力。接力时采用双手推动的方法完成交接，在规定接力区内完成交接才算交接成功。

在上述速度轮滑项目比赛中，无论哪种类型的项目，在规则中都有相应的出发顺序与出发站位的要求。裁判员在比赛中发现场地上有影响比赛进程的突发情况，可采取中断比赛、终止比赛、重新比赛与取消比赛等处理方法，对于比赛中违反竞赛规则的运动员可相应给予警告、降低比赛名次、取消比赛资格等处罚。运动员如对判罚有异议，可以进行申诉与申请复议。

花样轮滑

花样轮滑竞赛在长50米、宽25米的场地进行，项目分为单人滑、双人滑、舞蹈、队列滑、表演。根据不同年龄，参赛者被分为成年组、青年组、少年组。不同项目与组别有不同的比赛时间。花样轮滑的评分标准采用10分制，0~10分分别代表不同的滑行表现。

·单人滑

单人滑项目中无论是规定图形还是自由滑，都有相应的分级列表动作、技术要求和扣分标准。自由滑项目还从跳跃、旋转、步法上分别给予运动员相应评分。

·双人滑

双人滑项目由一男一女进行表演，他们彼此协调地滑行，所有动作都要用不同的连接步法和相应的自由滑动作连接起来，并采用不同的姿势和握法，充分利用场地。双人滑包括短节目和长节目。双人滑节目有两项评分：一项是技术分，另一项是艺术分。技术分考量跳跃、旋转、步法、连接步法；艺术分除了要考量技术动作的质量，还应考虑运动员对音乐主题、节奏、速度和风格的表达，两人姿势的优美程度与一致性。

· 舞蹈

舞蹈项目分为图案舞、风格舞、自由舞。图案舞是按规定的图案、步法、音乐、韵律和节奏进行滑行表演的舞蹈。风格舞是每个赛季按世界轮滑和滑板运动联合会（以下简称"世界轮联"）规定的音乐节奏，去选择音乐所创编表演的舞蹈。自由舞是选手在规定时间内、在自选音乐伴奏下用舞蹈步法和动作表达音乐风格特点的轮滑舞蹈表演。自由舞必须包括已知的和创新的舞蹈步法以及联合动作，也包括规定动作，并要表现出较好的滑行技术和个人的创新构思、安排和表达。

· 队列滑

队列滑是非常具有观赏性的项目，是在规定时间内，在自选音乐伴奏下集体表演一套由规定动作的连接步法所组成的均衡内容的同步滑行表演。每队12~24人，男女不限。队列滑同样有两项评分——技术分和表演分。此项目注重滑行整齐划一和团队配合。

· 表演

表演项目分为4人舞、6~12人的小团舞，以及16~30人的大团舞。表演强调观赏性，节目的主题、创意和戏剧性内容是最主要的考量元素。表演中可以使用道具。

单排轮滑球

单排轮滑球由两个队进行比赛，每队各5名运动员。比赛场地为长方形，其理想尺寸为50米 × 25米，其规格可以在长40~60米、宽20~30米的范围内变化，但是，任何情况下都必须保证2比1的长宽比。每个半场设有球门区、守门员特权区。在守门员特权区内，守门员身体的任何部分都可以压球，也可以抓球。将球场分为两个比赛区的中线为半场线，在球场的中心半径为3米的圆形标记称为"中圈"。当一队取得中心开球后，另一队队员不允许在圈内。同时场上还标有5个争球的位置和裁判员区。每场比赛应有2名主裁判员，其他裁判员包括计时员、记录员、监门员以及记罚记录员。

比赛时每队各居半场，主队应挑选开赛时防守哪个门。比赛中，运动员只能设法用球杆击球入对方球门来得分，全场比赛得分多的队为胜队。每队应指定一名队员为队长，他是该队在场上与裁判员联系的代表，任何要求必须通过队长向裁判员提出。

一场比赛分为上下两局。正常比赛应为20分钟一局。每队可在每半场要求1次暂停，暂停时间为1分钟。比赛在预定的时间以在中心争球点争球的方式开始。下半场、每次射中球门后、突然死亡法的决胜局都以同样的方式开球。如果一场比赛结束，结果为平局，而又必须分出胜负，须进行加时赛。加时赛的方法为：在正常比赛结束后，休息3分钟，之后进行一个突然死亡法的决赛，并宣布首先得分的队获胜。如果在10分钟的比赛时间内都没有得分，将采用互射点球的方法决出胜负。

如果运动员犯规，裁判员可视情况判小罚、队小罚、大罚、违例、严重违例、停赛、罚点球。在比赛中不得出现非法冲撞、故意阻挠对方、打架、绊人等不道德的行为，投扔球杆、用杆阻挡人、打人都是绝对禁止的。在任何情况下不得有意阻碍对方前进，无论用身体迎面阻挡对方，还是将对方推或挤向围栏，抑或是不准对方移动，都是不允许的。裁判员有权将违例的运动员罚出场10分钟，严重违例者会被取消比赛资格。

自由式轮滑

自由式轮滑竞赛包括花式绕桩和速度过桩两类。运动员在规定时间内，在音乐的伴奏下，完成自己预先编排的动作，裁判员根据运动员在场上的实际表现评判出相应成绩。

· 花式绕桩

花式绕桩分为单人花式绕桩与双人花式绕桩。单人项目分设男子组、女子组，在合适的情况下，可按年龄设成年组（16周岁及以上）、青年组（12~15周岁）、少年组（8~11周岁）。双人花式绕桩不设性别和年龄组别，比赛场地面积不小于40米 × 10米，比赛区域需设置四排定位桩点，每排桩点之间相距2米，每排均有20个桩点，四排桩点的桩距顺序依次为50厘米、80厘米、120厘米、80厘米。

花式绕桩根据情况采取一滑决胜负或预决赛制，单人花式绕桩的比赛时间为90秒，双人花式绕桩的比赛时间为100秒。花式绕桩采用100分制，其中技术分占60分，艺术分占40分。运动员在表演结束之后，裁判员给出两个分数，分别为技术分和艺术分，其中艺术分是建立在技术分的基础之上的。技术分应考虑难度动作的多样性与速度，艺术分应考虑形体姿态表达能力、音乐表达能力、动作编排等。

花式绕桩规则中还有相应的动作等级难度，并对蹲坐类、跳跃类、旋转类、单轮类等动作有具体的要求。在比赛中对踢桩、漏桩、超时、失误都有相应的判罚标准，这些情况均会影响最终成绩。

· 速度过桩

速度过桩可分为计时赛与淘汰赛，并采用预赛和决赛的办法决出优胜者。速度过桩比赛在场地上放置两排间距80厘米的桩，两排桩之间的距离不少于3米，总比赛距离为28米。

比赛起跑采用自动计时法或手动计时法，两种方法都有相应的起跑口令。如果运动员在起跑阶段或滑行阶段换脚、跳跃触线，都会受到相应的判罚；如果运动员在滑行过程中踢桩、漏桩也会被罚桩，每个罚桩在当次滑行成绩中罚0.2秒，如果踢桩和漏桩总数达到4个，将取消当次滑行成绩。

极限轮滑

极限轮滑有如下三种比赛类型。

· 最佳轮次赛（best run，预决赛）

每位选手出场3轮，每轮比赛时间为45秒。在选手滑下道具时开始计时，如果选手在计时器响的时候正在做动作，那么这个动作计入分数。取选手最佳一轮得分，前12名晋级决赛。决赛同样为3轮，最佳一轮得分为选手最终得分。

· 最佳动作赛（best trick）

所有选手依次出场，每人有3次机会，每次时间为4分钟，在指定的道具上挑战各自的最高难度动作。裁判员针对选手完成的所有动作整体打分，评分考虑难度、技巧、风格、流畅度等方面。选取选手最高难度动作计分。

· 现金果酱赛（money jam）

所有选手分组进行比赛，选手完成一个流畅动作就能现场获得一定的奖金。

极限轮滑的裁判员根据总体印象打分，包括动作数量、难度、创造力，各种动作成功率，技术能力展示的积极性，风格流畅的个人技巧，对道具（如坡、盒、扶手等）的利用。

选手摔落时将从三个方面进行考量，对选手罚分：尝试什么样的动作时出现失误、整体的流畅性受到怎样的影响、恢复和继续比赛的能力。

分值范围分为优秀、良好、中等、中等偏下、差、非常差和毫无技术可言。裁判员将在以下分值范围打分：

90~100分　　优秀

80~89分　　良好

70~79分　　中等

60~69分　　中等偏下

50~59分　　差

30~49分　　非常差

0 ~29分　　毫无技术可言

一旦比赛开始，不允许因技术或医护原因暂停比赛。在比赛开始前，选手如果有伤病问题或器械问题，将会得到1分钟的时间处理或顺延上场时间。

如果选手得分出现平分情况，将根据以下步骤进行评判，打破平局：

第一，所有平分选手的最高分数，所有裁判员打出的分数平均；

第二，所有平分选手的第二高分数，所有裁判员打出的分数平均；

第三，所有平分选手的最高分数，去掉裁判员打的最低分数，然后平均；

第四，所有平分选手的第二高分数，去掉裁判员打的最低分数，然后平均。

如果按以上步骤评判仍无法打破平局，则选手并列名次，并平分所占名次奖金。

第二章

速度轮滑器材

速度轮滑器材的选择

如何选取更适合脚型的轮滑鞋

一双穿着舒适、质量上乘的速度轮滑鞋有利于速度轮滑技术的学习。现在市面上很多品牌的速度轮滑鞋，由于上鞋的鞋码采用不同的标准或制造商自行制定鞋码标准，以及制作工艺的差别，上鞋的鞋号存在一定的误差，所以在选购之前应测量出脚的实际长度和宽度，用实际测量出的数据对照欲购买的号码才能买到合适的速度轮滑鞋。那么，如何获取实际的脚长与脚宽呢？

首先找出一张白纸，平铺在地上，之后用笔把脚的轮廓描出来，最后用尺子量出所画轮廓的长度与宽度即可。见图2-1。

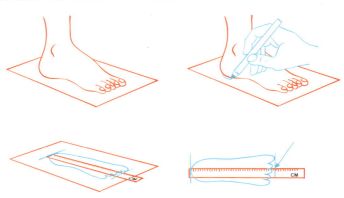

图 2-1 获得实际脚长、脚宽的简易方法

确定好合适的号码后，还要结合自身的脚型来选择鞋型。人的脚型大致有5种类型，见图2-2。

图2-2 脚型分类

现今主流的速度轮滑鞋的鞋尖分为尖头和方头两种，埃及脚和希腊脚选取尖头鞋比较合适，其他三种脚型选取方头鞋穿着会更为舒适。见图2-3。

图2-3 不同脚型适合的速度轮滑鞋种类

最后一步就是试穿。穿上后系紧鞋带感受下脚的两侧和脚踝处是否有夹脚现象和痛点，尤其是脚踝处。鞋的高度、深度不合适是造成磨脚的主要原因，建议穿上后让脚在前、后、左、右四个方向大幅度活动一下，如果没有痛点，尺码合适，就找到了一双非常理想的速度轮滑鞋，见图2-4。

图2-4 试穿

速度轮滑器材的
性能与装配

速度轮滑鞋的组装与调整

　　现今，很多速度轮滑爱好者都喜欢购买最优配件，自行组装速度轮滑鞋。学会如何组装还可以调整轮架的位置，以适应自身的蹬动角度。那么，应按什么步骤组装呢？

　　第一步，安装轮架和上鞋。一般的速度轮滑鞋的上鞋与轮架采用两点固定的方式，在安装时先不要把两点的螺钉拧紧，以便调整轮架的位置。一般情况下，轮架前部应固定在大脚趾与第二脚趾中间的位置，轮架后部应固定在足跟正中间的位置，也可根据个人滑行习惯进行细微调整。见图2-5。

图 2-5 安装轮架和上鞋

第二步，安装轴承。两个轴承之间要放进一个小套管，安装时要把轴承全部嵌入轮子，否则会影响轮子的转动速度。见图2-6。

图 2-6 安装轴承

第三步，固定轮子。把全部的轮子固定在轮架上，在拧螺钉时要用扳手套牢螺钉，切忌拧得过紧，否则在拆卸的时候就会导致拧不动或者螺钉滑丝的问题，影响对轮子的正常拆卸保养。见图2-7。

图 2-7 固定轮子

轮架的材料、性能及制作工艺

现今主流的速度轮滑鞋的轮架都选择铝合金作为制作材料，但铝材又分许多种，其中6061、7005、7075铝材是轮架材料中最常见的。图2-8为专业轮架样式。

图 2-8 专业轮架样式

6061铝材主要以镁和硅为主要合金。

7005铝材以锌为主要合金，强度高于6061铝材。

7075铝材成分和7005铝材成分相同，但是铝含量却高了很多，硬度远远大于6061铝材和7005铝材，超过了钢的硬度，但由于合金成分较多、硬度极大，制作难度大，所以价格也远高于6061铝材和7005铝材。因此，在选购轮架时铝材型号数字越大的售价越高，但强度越大的越耐用。

现今的高级别轮架都采用CNC车床制作工艺，该工艺是常见的成型方式，其流程为：铝合金加热成液态，经过热挤压、冷却、CNC加工、电镀最终成型，整个过程是将整块实心铝合金切割为一副整体轮架。采用该工艺制作的轮架，因为由实心铝块加工而成，所以原成本最高，一般用于制作有特殊性能和高级别的轮架。轮架的样式并非臆想出来的，必须经过精密的力学设计，达到合理的力矩与重心平衡。

轮架制作的精度会影响轮架的性能，因为精度低的轮架会造成轮子不同轴、轮距不均匀、轮轴摆动、重心偏移等问题，直接影响轮子的转动和运动员的滑行流畅度，造成运动员大量的体能消耗。简单鉴别轮架精度的方法是：安装好轮子以后，高速拨动轮子，使其高速旋转，感觉一下鞋子是否有抖动现象。见图2-9。

图2-9 鉴别轮架精度

轮架重量也是影响速度轮滑鞋性能的一个方面。轮架的材质是决定速度轮滑鞋重量的主要因素，重量过大会大大浪费运动员的体力。大部分轮架采用合金铝材，重量轻且坚硬有弹性，不易变形断裂。碳纤维轮架重量轻、弹性好，但其价格高和耐冲击性差的特点限制了它的广泛应用。

速度轮滑鞋上鞋、轮架、轮子的搭配

不同号码的速度轮滑鞋上鞋孔距不同，孔距有三个标准尺寸。见图2-10。

· 30~32 码的速滑上鞋孔距为 150 毫米

· 33~37 码的速滑上鞋孔距为 165 毫米

· 38~45 码的速滑上鞋孔距为 195 毫米

图 2-10 速度轮滑鞋上鞋的孔距标准

根据品牌设计的不同，有些速度轮滑鞋的小码段也会采用195毫米孔距。

安装不同尺寸轮子的轮架有不同的长度和孔距，现今速度轮滑鞋轮子的直径主要有四个尺寸，分别为90毫米、100毫米、110毫米、125毫米。相应的，轮架的长度也有区别，如安装4×90毫米轮子的轮架长度为11.25英寸（1英寸约为2.54厘米），孔距为150~165毫米。各种轮架的长度和孔距见图2-11、图2-12。

4×100 毫米	4×110 毫米	3×125 毫米
轮架的长度:		
12/12.4/12.8 英寸	13.2 英寸	12.6 英寸
孔距:		
165~195 毫米	195 毫米	195 毫米

图 2-11 轮架的长度和孔距的对应关系

长度: 11.25 英寸　孔距: 150~165 毫米

图 2-12 轮架的长度与孔距

　　在进行轮架组装时要依滑行者的身高和脚长选择最适合的组装搭配, 轮架长度选配方法如下。

　　11.25~12英寸的轮架尺寸短、重量轻, 灵敏度高, 搭配三轮使用, 通过性好, 惯性高, 可让青少年运动员准确地做出直线滑行动作和弯道技术动作, 适合6~10岁、身高为100~150厘米的选手; 依照个人体型和力量差异, 可搭配4×90毫米、3×100毫米、3×110毫米轮组使用。

　　12.4~13.2英寸的轮架长度、重量适中, 推力强, 稳定性好, 速度快, 但相对耗费使用者的体力，适合12岁以上、身高在130厘米以上，具有一定训练基础和技术水平的运动员，可搭配4×100毫米、3×125毫米轮组使用。

轮子的选择与搭配

轮子（图2-13）是速度轮滑鞋的重要部件，对滑行速度影响较大。高级别速度轮滑鞋的轮子采用高弹材料，弹性好、耐磨性好，静音效果佳。近年出现的双硬度轮具有更好的抓地力。双硬度轮（图2-14）是利用不同硬度材料灌注而成的，内层的硬度比外层的低。在速度轮滑赛场上，运动员高速滑行到弯道时，身体的倾倒角度很大，双硬度轮可以提供很好的形变，既可保障运动员不会因为倾倒角度过大而摔出赛道，又可保证运动员能够高速前进。这就是双硬度轮的最大好处。

图 2-13 轮子

图 2-14 双硬度轮

　　轮子的硬度也是影响滑行速度的因素。一般来讲，硬度为87A的轮子较硬，适合长距离滑行；硬度为85A的轮子硬度适中，适合各种距离的滑行；硬度为83A的轮子较软，适合短距离滑行。见图2-15。

图 2-15 轮子硬度与适用距离

　　还有一种特殊的硬度混搭组装方式也较为常见。当相同硬度轮子搭配使用时，感觉轮子太硬、抓地力不够，或者感到硬度软的轮子太黏，续滑性差，就可将这些轮子混搭组装。将较软的轮子安装在第一与第四的位置，中间放置两个较硬的轮子，这样既保证了速度轮滑鞋的续滑能力，又保证了速度轮滑鞋有足够的抓地力。此外，长距离常用混搭方法为85A加87A，短距离常用混搭方法为83A加85A。轮子的混搭方法见图2-16。

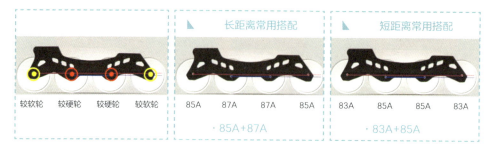

图 2-16 轮子的混搭方法

轴承

轴承（图2-17）是影响速度轮滑鞋滑行速度的关键部件。想了解轮滑鞋轴承的制造标准可参见北京体育大学出版社出版的《零基础学单排轮滑》，书中对轴承精度的 ABEC 标准做了全面介绍。ABEC 所对应的数值越高，说明轴承的精度越高。除了 ABEC，ILQ 也是轴承精度的标准。轮滑爱好者可根据购买的便利性加以选择。这里还要介绍一下陶瓷轴承（图2-18）。现今，很多轴承商会主推陶瓷轴承。陶瓷材料具有很好的散热、防锈能力以及更佳的滚动效率，但是抗冲击性较差，易破碎。然而，实际滑行的速度并不会让这些材质的特性体现得特别明显，所以轮滑爱好者可根据自己的喜好来选择轴承的材质。

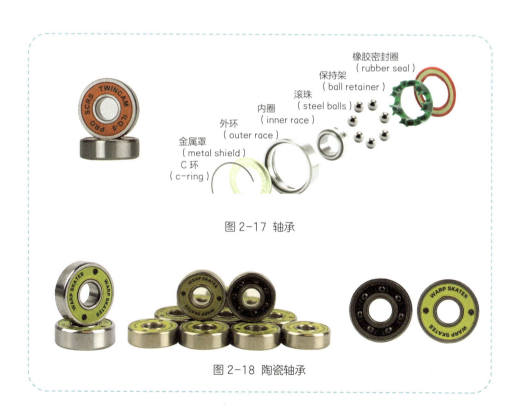

图 2-17 轴承

图 2-18 陶瓷轴承

　　另一个需要注意的重要属性是轴承承受轴向载荷和扭转载荷（图2-19）的能力。在高速滑行时，轴承承受着这些载荷，并且把滚珠挤入滚道。当轮子转动时，滚珠最终会滚至滚道的边缘。如果负载太大，滚珠和滚道游离间隙（图2-20）过大，会导致承载时偏移而造成磨损、划伤或出现压痕。想要知道轴承是否能承受轴向载荷或扭转载荷，我们需要查看滚道精度和深度。精度高而且较深的滚道，使轴承更坚固，从而可使轴承更有效地运行。浅的滚道不会使产生的摩擦更小，因为无论与滚道的哪个部位接触，滚珠所占的空间都没有变化。

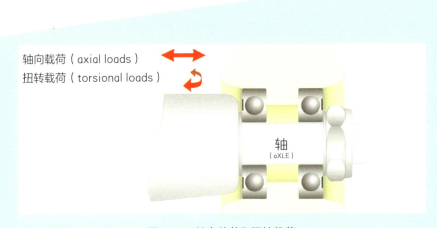

图2-19 轴向载荷和扭转载荷

图2-20 游离间隙

速度轮滑器材的维修与保养

扫码观看视频

速度轮滑鞋的热塑

　　热塑是现今较常见的一种轮滑鞋上鞋制鞋工艺，热塑鞋在市面上容易买到。选择热塑鞋可以有效调整鞋形以适应个人的脚型。热塑鞋在鞋内加入了特殊的热塑树脂，这种树脂在温度达到80℃的时候会软化，低于80℃的时候就会定型，因为有这样的特性，所以可以针对轮滑鞋的脚踝口处过宽或者夹脚的现象重新塑造符合个人脚型的上鞋。

　　对热塑鞋进行加热可以使用开水和热风箱。对于广大轮滑爱好者来说，用水进行热塑是最简便实用的，而且水的温度不会超过100℃，对鞋的皮面还有树脂胶的软化温度适宜。而使用热风箱，容易因温度过高而导致鞋皮面开胶，所以操作难度较大。

热塑操作步骤

　　（1）在热塑之前先制作几个厚度适宜的纸壳贴片。因为鞋子热塑以后是整个被捏紧贴附在脚踝上的，如果不给踝骨凸起处或者骨头增生部位留出空间的话，在整体捏紧以后，鞋反而会夹脚，所以要在脚踝的内外侧贴上纸壳贴片，以便鞋在冷却定型后留出足够的空间。见图2-21。

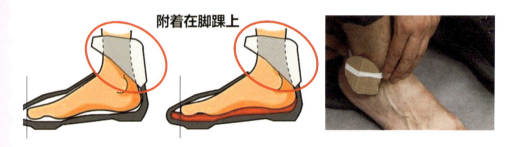

附着在脚踝上

图 2-21　热塑前贴纸壳贴片

（2）热塑前要穿一双厚袜子，以防穿上加热后的上鞋而导致脚面烫伤。见图 2-22。

图 2-22　热塑前穿厚袜子

（3）用厚的塑料袋把上鞋装进去，要确保袋子不漏水，然后把事先准备的容器装入适量的水并烧至100℃。当水沸腾后应关掉热源。这一步很关键，如果水继续沸腾，上鞋接触容器底部，会烫坏鞋子。根据上鞋的硬度来选择在热水中软化的时间，一般为10分钟。见图2-23。

图 2-23　软化

（4）取出加热的鞋子后，会发现鞋变得非常软，这个时候就可以把脚穿进上鞋内，将鞋子硌脚或不舒服的部位、脚踝部位、跟腱部位用力捏紧，使整个脚都被鞋包裹住。为了进一步适应滑行蹲屈时的脚部骨骼形态，可以在基本姿势蹲屈的状态下让脚做一些较大幅度的动作并按照实际脚形变化用力捏紧鞋子，然后把鞋带系到最紧的状态。最后用吹风机吹冷风或者用凉毛巾冷敷，使鞋面温度迅速下降，冷却定型。见图2-24。

图2-24 定型

（5）当脱下热塑定型的上鞋以后，不要将鞋带松开放置一边，因为在脱鞋的时候还会把鞋撑开，导致上鞋二次变形。所以最后一个关键步骤就是系紧鞋带，使之彻底冷却定型。见图2-25。

图2-25 系紧鞋带定型

在热塑时还有两点注意事项：①如果用热风枪或热风箱进行热塑，一定不要超过100℃，超过100℃会导致鞋面开胶。②还有人使用蒸锅的热蒸汽进行加热，这存在一定的误区，因为蒸汽的温度会远高于开水的温度，同样会导致鞋面开胶。

轴承的拆卸与清洗

轴承在使用一段时间后，会有污垢进入，降低轮子的转动速度，时间久了还会磨伤滚珠。那么，对轴承的定期清洗就尤为关键，下面具体介绍专业的轴承清洗方法。

扫码观看视频

（1）有些轴承两边都会有密封薄片，为了清洗滚珠，我们就要用细针拆开其中一面。

（2）为了防止滚珠生锈，轴承清洗要使用汽油或者煤油，把拆卸下来的所有轴承装进塑料瓶或专业清洗瓶，拧紧瓶盖并用力晃动，之后更换新的清洗液。重复这个过程2或3次，轴承内的脏物就会被冲刷出来。

（3）清洗后，用纸巾擦拭轴承上残余的清洗液，再加注润滑油即可。

轮架穿钉滑丝处理

如果出现螺钉滑丝的现象，可以采用4.5毫米断丝取出器，搭配攻丝扳手将滑丝的穿钉取出。见图2-26。

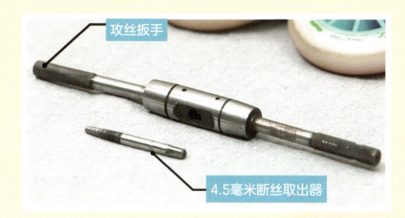

攻丝扳手

4.5毫米断丝取出器

图 2-26 断丝取出器

27

轮架加紧后轮子不转处理

轮架加紧后轮子不转有两种常见原因（图2-27）：

（1）轮架的加工精度不够，造成轮子装紧后轮架变形，导致轮子不转。

（2）轮子尺寸不标准或两个轴承中间的飞碟磨损。

解决这两种问题都可以采用专业的多尺寸飞碟，见图2-28。这种飞碟中间的凸起有不同的尺寸，可根据轮架产生的问题搭配至合理厚度，避免轮子被夹紧。

▶ 轮架的加工精度不够，

造成轮子装紧后轮架变形，

导致轮子不转

▶ 轮子尺寸不标准，

或两个轴承中间的飞碟磨损

图 2-27 轮架加紧后轮子不转的两种常见原因

图 2-28 多尺寸飞碟

轮滑鞋撑扩、顶包处理

有不少轮滑爱好者的二脚趾过长，导致轮滑鞋顶脚，以及脚掌骨过宽导致脚骨增生，见图2-29。为了使轮滑鞋符合脚型，我们可以使用扩鞋器（图2-30），这种工具主要用于轮滑鞋和脚的尺寸不适合而做微调。

扫码观看视频

▼ 二脚趾过长导致顶脚

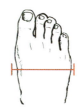

▼ 脚骨过宽导致脚骨增生

图 2-29　轮滑鞋不合脚的原因

图 2-30　扩鞋器

　　将轮滑鞋撑入扩鞋器中，用热风枪加热需要撑扩的部位，待其软化后调整扩鞋器的张紧程度。其间，要逐步加力并观察变化。冷却后，将轮滑鞋取下试穿，再做调整。见图2-31。

图 2-31　扩鞋步骤

顶包器（图2-32），也称"压包器"，是非常有效的调整鞋子硌脚部位的工具，主要用于趾骨变形、脚骨增生等原因造成的轮滑鞋硌脚踝的调节。首先确定要顶出的部位并做好标记，用热风枪将顶包部位加热到软化，用顶包器内凸球头对准顶包位置。为了避免损伤鞋面，将顶包凹头处垫上毛巾，用力将顶包器夹紧，待到冷却后取下顶包器试穿。见图2-33。

图 2-32 顶包器

图 2-33 顶包器用法

第三章

速度轮滑陆地辅助练习

优秀的速度轮滑运动员都非常重视陆地辅助练习,陆地辅助练习是滑行技术再提高的基础,具有非常重要的作用。相比基础滑行技术的学习,陆地辅助练习的比重要加大,尤其是青少年时期,陆地辅助练习应作为基础训练的核心内容,这样才能全面提高滑行者的专项能力。陆地辅助练习主要有以下功效。

(1)运动员重视陆地辅助练习,可以打下坚实的基本功功底,长久地练习才能带来明显的技术提升。

(2)陆地辅助练习的动作是进行综合体能练习的组成元素,是体能提升的有效练习方法。

(3)陆地辅助练习的技术模仿会使运动员对技术细节产生更好的体会与把控。

(4)陆地辅助练习对神经疲劳的调控起着非常重要的作用,在滑行训练中穿插陆地辅助练习可使枯燥的训练课更加有趣,更能激发运动员的训练热情。

陆地辅助练习前的注意事项

(1)陆地辅助练习的肌群要与速度轮滑技术动作所需要的肌群相似或完全一致。

(2)陆地辅助练习的结构与速度轮滑技术动作的结构要相似或完全一致。

(3)陆地辅助练习的用力方向与速度轮滑的用力方向基本相似或完全一致。

(4)陆地辅助练习的神经肌肉用力性质与速度轮滑的神经肌肉用力性质应该一致。

原地辅助练习

基本姿势蹲跳

基本姿势准备，目视前方，双臂背后，待稳定后，双脚同时发力，蹬地向上跳起，跳至最高点时，整个身体在空中呈直立姿态，落地后膝关节弯屈，顺势蹲至基本姿势。每次落地都力求保持姿势稳定，不要晃动。见图3-1。

扫码观看视频

图 3-1　基本姿势蹲跳

基本姿势多角度稳定性跳跃

为了进一步增强基本姿势蹲屈的稳定性，可在上下跳蹲的基础上使身体向不同角度进行跳转练习。基本姿势准备，双臂背后，待稳定后跳起，使身体转至不同的方向。安全起见，需采用循序渐进地增加转体度数的方式，先跳跃至初始姿势90°方向，之后在落地基础上跳转90°，以此类推，跳转回原位，见图3-2。熟练后，跳转度数再增加到180°，直至可以跳转360°即达到了练习效果，见图3-3。青少年练习时可以降低难度，跳转180°就算较好的练习效果。在练习过程中，可以先沿顺时针方向分别进行三个角度的跳转，之后再沿逆时针方向跳转三个角度进行练习。

扫码观看视频

图 3-2 基本姿势多角度稳定性跳跃——跳转 90°

图 3-3　基本姿势多角度稳定性跳跃——跳转 360°

基本姿势前后左右稳定性跳跃

基本姿势准备，双臂背后，待稳定后跳起，使身体跳至前、后、左、右四个方向，每朝一个方向跳出落稳后，再跳回至初始位置。见图3-4。

扫码观看视频

图 3-4　基本姿势前后左右稳定性跳跃

基本姿势高频率跳跃

采用基本姿势高频率跳跃，不仅可以增强基本姿势蹲屈的稳定性，而且可以在跳跃过程中增强蹲屈时膝关节角度锁定的能力。基本姿势准备，目视前方，双臂背后，待稳定后微微跳起，距离地面2~5厘米即可，跳跃过程中膝关节始终保持基本姿势初始蹲屈角度。随着动作的熟练可逐渐加大难度，提高跳跃频率。见图3-5。

扫码观看视频

膝关节角度锁住，不要变化

图 3-5　基本姿势高频率跳跃

后引踢腿稳定性练习

利用后引踢腿动作来提升单腿支撑下基本姿势的上下肢稳定性。基本姿势蹲稳后，一条腿支撑，另一条腿后引，支撑腿稳定2秒后，后引腿大腿带动小腿迅速向前弹踢，踢至膝关节伸直，鞋跟不可触地，之后再慢慢收回至后引腿姿态。在前踢过程中，身体重心始终控制在支撑腿上，不要前移至前踢腿上。练习若干次感觉支撑腿疲劳后，可换另一条腿支撑练习。见图3-6。

扫码观看视频

图 3-6　后引踢腿稳定性练习

单脚后引跳跃稳定性练习

　　此动作可有效练习单腿支撑的稳定性，还可以提升腿部力量。基本姿势蹲稳后，一条腿支撑，另一条腿后引，支撑腿稳定2秒后，用力向上跳起，跳起时上体直立，后引腿顺势向上抬起，落地后恢复到初始后引腿姿态。在落地时应力求支撑腿稳定，不要晃动。单腿练习若干次后可换另一条腿跳跃。见图3-7。

扫码观看视频

图 3-7　单脚后引跳跃稳定性练习

隔桩左右双脚跳跃

采用隔桩左右双脚跳跃可有效提升蹬动力量。在练习场上放置一个符合练习者训练水平和年龄的适当高度的隔桩，之后进行站立姿态的隔桩左右双脚跳跃。在跳动过程中，落地后应立即跳至另一侧。随着力量与体能的提升，可逐渐增加跳动的速度与次数。见图3-8。

扫码观看视频

图 3-8　隔桩左右双脚跳跃

单支撑绕环

在滑行过程中，由于重心的变换、蹬动频率的差异、滑行技术阶段的不同，支撑腿是始终处于不稳定状态的，腿部肌肉时刻调整着支撑平衡。在原地辅助练习时，可以通过单支撑绕环练习来提升支撑腿在不稳定状态下的肌肉控制能力。基本姿势蹲稳后，一条腿侧蹬，并使脚抬离地面，使侧蹬腿处于悬浮状态，之后缓慢匀

扫码观看视频

速进行侧蹬后引完整直线技术模仿。在练习过程中，无论是侧蹬收腿过程，还是后引收腿过程，侧蹬腿都要始终保持悬浮状态，脚不能接触地面。在练习的同时可感受支撑腿的腿部肌肉保持平衡时的用力顺序，以增强动态支撑稳定性及提升肌肉感知觉能力。见图3-9。

图 3-9 单支撑绕环

高抬腿侧弓步支撑

为了提高重心移动时的支撑稳定性，可以练习高抬腿侧弓步支撑。基本姿势蹲稳后，一条腿用力向上抬起，抬至临近腹部后，身体顺势向抬起腿一侧倾倒跨出，落地时呈支撑侧蹬姿势，支撑2秒后，收回初始支撑站立的那条腿，两脚靠拢，之后起身站立，再向相反方向重复这一动作过程。见图3-10。

扫码观看视频

图 3-10　高抬腿侧弓步支撑

双摆臂高抬腿

　　为了练习双臂摆动及手腿协调性，可以练习双摆臂高抬腿。身体呈站立姿态，待稳定后采用速滑滑行双摆臂技术，前后交替摆动，同时，腿部随着摆臂上下抬落，每次抬腿都要抬至腹部高度，并抬起支撑腿的脚跟，使整个身体往上用力，随着动作的熟练可逐渐加大摆臂的力度与摆动的频率。见图3-11。

扫码观看视频

图 3-11　双摆臂高抬腿

移动辅助练习

抱膝走

在滑行过程中，好的上体团身能力可以使滑行时背部放松，更有利于腿部的收蹬发力，还可以使身体处于一种流线形滑行姿态，减小滑行的阻力。可采用抱膝走练习团身能力。首先，上体前屈至与地面平行，腿部伸直，双脚并拢站立，之后双臂从腿后侧用力抱紧两腿，使身体在上臂的用力下尽量蜷缩成一团，慢慢蹲下至大腿能压到手臂，臀部不要上抬，身体放松。团身姿势准备好以后，两脚缓慢沿直线往前迈步移动。迈步行进时如果两脚迈开距离过大，易造成使身体姿势松散，所以迈步移动时两脚要尽可能靠近，身体始终保持蜷缩状。见图3-12。

扫码观看视频

两脚要落在一条线上

图 3-12 抱膝走

跪推屈腿走

基本姿势准备，双手背后，目视前方，两腿交替向前大步行进，每次迈步应由后蹬腿的大腿发力向后蹬动，使身体前行，而不是靠前跨腿带动身体前进。身体保持稳定，不要上下起伏。随着技术的熟练，可加大后蹬力量和动作频率。这一练习可有效提升基本姿势的稳定性，在变换训练法中也可采用该动作作为进行其他陆地专项练习的衔接动作。见图3-13。

扫码观看视频

图 3-13　跪推屈腿走

宽滑跳

为了增强腿部侧蹬力量，可练习宽滑跳。以右腿侧蹬为例，基本姿势蹲好后，呈双摆臂单腿支撑后引姿势，待稳定后，在摆臂的配合下，右腿用力侧蹬，使身体向斜上方跃起，尽力保证跃起时的高度与宽度，并且在跳起过程中，上体不要抬起，要保持弯腰状态，左腿落地时力求稳定，右腿随即后引，呈准备姿势，之后再向另一侧重复这一动作过程。见图3-14。

扫码观看视频

图 3-14　宽滑跳

滑行模仿

利用滑行模仿可以有效提升直线滑行技术的规范程度。基本姿势准备，以双摆臂配合单腿支撑后引腿作为准备姿势，稳定后支撑腿转变为侧蹬腿，进行蹬动，随即身体重心迅速转移，初始后引腿前收并随着重心的转移逐渐转变为落地腿承接体重，双摆臂随着侧蹬蹬出的速度跟随摆动，落地腿稳定后，侧蹬腿再缓慢收回，两脚并拢，之后再向另一侧重复这一过程，做左右移动的滑行模仿练习。见图3-15。

扫码观看视频

图 3-15　滑行模仿

快频率弯道交叉步

在弯道滑行阶段，增加交叉步的频率可有效提升滑行速度。在日常训练时，可采用快频率弯道交叉步练习来提升专项肌群的收缩速度。基本姿势准备，利用双摆臂配合交叉步练习，摆臂时双臂都要弯曲，摆动幅度要小，这样可以增加摆臂的速度；腿部在侧蹬与交叉阶段均不用蹬直，两腿交叉距离缩小，只要有交叉过程即可；上体保持团身；在练习时应结合自身训练水平，在保证动作不变形的基础上，尽量提高交叉步的频率。见图3-16。

扫码观看视频

图 3-16 快频率弯道交叉步

膝关节点地走

在跪推屈腿走的基础上进行膝关节点地走练习，可有效提升滑行姿势的稳定性与控制重心避免上下起伏的能力。基本姿势准备，目视前方，两腿交替向前大步行进，每次迈步应由大腿发力向后蹬动，使身体前行，每次蹬动腿在蹬动结束时膝关节轻轻触地，不可用力过猛，否则易造成膝关节损伤。触地稳定1秒后再往前迈步，换另一条腿跪地，两腿交替时上体不要抬起，控制重心不要上下起伏。见图3-17。

扫码观看视频

图 3-17　膝关节点地走

滑行板训练

滑行板可以用在陆地模拟动态滑行的各技术环节。滑行板训练可使练习者更好地体会动作细节。在训练前，可在板面涂抹专用润滑剂，并在鞋上包上增滑面料的鞋套，以达到最佳的滑动效果。练习初期，可轻轻蹬动，以适应滑行板的摩擦力，适应后可逐渐增加蹬动力量。在练习时切记支撑腿不要有向外支撑的动作，使重

扫码观看视频

心始终落在支撑腿上并保持三点一线。利用双摆臂配合练习可增加练习的效果，还有助于在动作不稳定时保持身体的平衡，提升安全性。运用滑行板训练，可以提升技术的规范程度。此外，还可以在体能训练中使用该方法进行间歇训练或重复训练，以达到提升专项体能的效果。见图3-18。

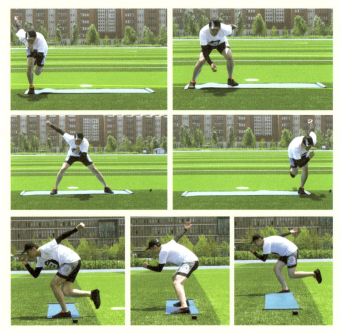

图 3-18　滑行板训练

向后屈腿走

　　为了提升基本姿势下控制身体重心的能力，向后屈腿走是一个行之有效的陆地辅助方法。基本姿势准备，手臂前伸，以保证做动作时身体的平衡稳定。一条腿向后迈出，倒退行进，臀部后坐；另一条腿配合向前蹬动，待前腿蹬伸直，后脚缓慢收回，随后前蹬腿变成向后迈出腿。重复上述动作。见图3-19。

扫码观看视频

图 3-19　向后屈腿走

弯道滑跳模仿

　　为了提升弯道技术专项腿部力量，可采用弯道滑跳模仿的
方式进行弯道陆地模仿练习。整体的动作过程与弯道陆地模仿
一致，利用双摆臂配合弯道交叉步。在每个侧蹬与交叉阶段，
腿部都用力蹬动，使身体跃起，每次落地稳定后再进行下一次
蹬动。随着动作的熟练，可逐渐增加蹬动力量。见图3-20。

扫码观看视频

图 3-20　弯道滑跳模仿

左右两侧交叉压步跳

扫码观看视频

左右两侧交叉压步跳练习可提高身体灵敏性及协调性，主要利用双摆臂配合进行弯道正反交叉步练习。正反交叉步交替时由1或2次侧跨步进行衔接，随着动作的熟练可逐渐交换左右正反交叉的频率，以提升身体的协调性与灵敏性。见图3-21。

图 3-21 左右两侧交叉压步跳

柔韧性练习

　　柔韧性对轮滑滑行技术有着特殊的作用，一方面会影响技术动作的幅度，另一方面会影响滑行过程肌肉的放松能力。在进行柔韧性练习时，拉伸力度要逐渐加大，不可用力过大、过猛，要循序渐进。下面介绍几个提升柔韧性的练习，日常训练中多做这些练习可使技术学习产生事半功倍的效果。

对足坐

　　拉伸部位：髋关节。见图3-22。

扫码观看视频

图 3-22　对足坐

跪仰拉伸

扫码观看视频

拉伸部位：大腿前部。见图3-23。

图 3-23　跪仰拉伸

交叉步压腿

扫码观看视频

拉伸部位：臀部肌群。见图3-24。

图 3-24　交叉步压腿

跨栏压步

拉伸部位：大腿后侧。见图3-25。

扫码观看视频

图 3-25　跨栏压步

拉伸小腿

扫码观看视频

拉伸部位：小腿后侧。见图3-26。

大腿内侧韧带拉伸

扫码观看视频

拉伸部位：大腿内侧。见图3-27。

图 3-26　拉伸小腿

图 3-27　大腿内侧韧带拉伸

牵引练习

要想在陆地上做出滑行时的倾倒角度，就要应用训练带进行辅助。下面介绍几个利用训练带的双人配合牵引辅助练习。这些练习不仅可以更好地进行滑行模仿，还可以起到提高支撑能力和增加腿部力量的作用。

单腿连续侧蹬牵引

采用单腿连续侧蹬牵引技术进行腿部力量练习时，辅助者牵拉训练带的力度不要过大，尽量保证练习者在一定的阻力下进行连续侧蹬，以增强肌肉耐力。见图3-28。

扫码观看视频

图3-28　单腿连续侧蹬牵引

利用体重侧蹬牵引

基本姿势准备，一条腿抬起后引，待稳定后，身体逐渐向后引腿一侧缓慢倾倒，支撑腿支撑不住时，在快倒地的一瞬间顺势侧蹬，待伸出腿落地后再收回侧蹬腿。辅助者要在练习者倾倒时减少一些牵引力，在蹬动的一瞬间增加牵引力，这样才能到达较好的训练效果。见图3-29。

扫码观看视频

图 3-29 利用体重侧蹬牵引

低蹲屈度侧蹬练习

以单腿连续侧蹬牵引为基础，加大蹲屈的角度。以右腿侧蹬为例，每次侧蹬前，左腿进行一次后引，之后左腿膝关节靠近右脚踝收回，使两脚靠拢并蹬出右腿，完成一次侧蹬。这一过程可有效降低蹲屈幅度。辅助者要提供恒定的牵引阻力，使练习者始终保持一定的倾倒角度。见图3-30。

扫码观看视频

图 3-30　低蹲屈度侧蹬练习

屈腿牵引走

屈腿牵引走练习，可采用背臂与双摆臂配合进行。辅助者要提供适中的力度，保证练习者技术动作的连续性。练习者可根据自身情况逐渐增加动作频率，以进一步提高腿部力量。见图3-31。

扫码观看视频

图 3-31　屈腿牵引走

弯道交叉步牵引

基本姿势准备，右臂伸直，用手抓紧训练带，左臂背后。稳定后，右腿侧蹬，把身体蹬向左侧，此时鼻尖与左腿膝关节对齐，然后，右腿用大腿带动小腿抬起，膝关节领先（切记不

扫码观看视频

可脚和小腿领先），从左脚的上方交叉掠过落地，两脚靠拢。这时，鼻尖应对准右腿膝关节，重心往右腿转移。稳定后，左腿向右侧蹬出至膝关节蹬直，左脚的外侧着地，右腿成为支撑腿，向左侧倾倒，待稳定后，左腿大腿带动小腿，膝关节逐渐弯曲，向右腿内侧回收。与此同时，右腿用力侧蹬，把身体蹬向左侧，随即左腿落地成为支撑腿。辅助者要提供恒定的阻力，以保证训练者可以匀速蹬动。见图3-32。

图 3-32　弯道交叉步牵引

膝关节触地弯道牵引

　　在以上两个动作的基础上，再次降低蹲屈角度，可采用膝关节触地的方式来降低高度。右腿侧蹬时，蹲屈角度应使右腿膝关节尽量接近地面；交叉步时，左腿膝关节尽量接近地面。见图3-33。

扫码观看视频

图 3-33　膝关节触地弯道牵引

单腿支撑有角度静力牵引

　　为了提升滑行过程中支撑腿的支撑力量与身体抗乳酸能力，可进行单腿支撑有角度静力牵引练习。以右腿支撑为例，训练带置于腰间，左腿后引，身体整体向左侧倾倒，臀部用力向左侧顶出，右侧蹬静力性支撑。练习者根据自身情况可适当增减静力支撑时间。见图3-34。

扫码观看视频

图 3-34　单腿支撑有角度静力牵引

侧蹬腿有角度静力牵引

为了增强支撑腿大腿外部肌肉的力量与耐力，可进行侧蹬腿有角度静力牵引练习。以右腿侧蹬为例，训练带置于腰间，身体向左侧倾倒，左腿支撑，右侧蹬腿蹬直并悬于空中，待稳定后，左腿上下缓慢蹲起，右腿保持动作不变。练习者根据自身训练水平可适当增减蹲起的次数。见图3-35。

扫码观看视频

图 3-35　侧蹬腿有角度静力牵引

弯道交叉侧蹬静力牵引

为了增加弯道交叉步时支撑腿的支撑能力，可进行弯道交叉侧蹬静力牵引练习。在训练带的辅助下，身体呈交叉步姿势向左倾倒。左腿于右腿后方向左蹬出并悬于空中，待稳定后，右腿慢慢蹬起至膝关节蹬直。蹬起过程中，左腿大腿向上抬起至与地面平行，随即右腿慢慢下蹲，左腿再侧向蹬回初始位置。练习者根据自身训练水平可逐渐增加练习次数。见图3-36。

扫码观看视频

图 3-36　弯道交叉侧蹬静力牵引

第四章

滑行辅助练习

直线滑行辅助练习

在直线滑行技术的提升阶段，要想滑行更流畅、速度更快，就要解决几个问题，首先是自如地控制重心的能力，其次是技术动作的控制能力，最后是稳定的支撑滑行能力。下面介绍几种提升上述各项能力的有效练习方法。

加速后基本姿势滑行

速度轮滑在滑行过程中应力求较大的蹬动力量与蹬动距离，所以整体的滑行姿势较休闲轮滑要保持较低的蹲屈角度。标准的速度轮滑基本姿势应保证大腿与小腿的夹角在90°~110°的范围内，上身与地面水平夹角为15°，滑行时上体团身。为了进一步加强滑行中基本姿势的稳定性，可采用加速后基本姿势滑行练习。滑行到一定速度后，迅速呈基本姿势自由滑进，目视前方，两脚保持平行，待滑进停止后再进行下一次练习。随着基本姿势的规范，自由滑进的距离会逐渐增加。见图4-1。

扫码观看视频

图 4-1 加速后基本姿势滑行

加速后基本姿势蹲跳

在加速后基本姿势滑行的基础上，在自由滑进阶阶段进行背臂蹲跳练习可进一步提升滑行中基本姿势的稳定性及脚下的控制能力。每次跳起都要双脚同时发力，不可用力不均，否则易导致落地不稳。跳起的高度以及跳起后身体直立的程度可根据熟练程度逐步增加。见图4-2。

扫码观看视频

图 4-2 加速后基本姿势蹲跳

大幅度重心移动

重心移动是否到位关系到技术动作是否标准，同时合理利用重心的变化也可节省体能，增加蹬动的力量。大幅度重心移动应在双摆臂及侧蹬收腿动作的基础上练习，左右移动滑行方向以45°为佳。侧蹬腿滑出时，支撑腿和脚向45°方向滑行，重心完全落在支撑腿上，脚踝外倒；侧蹬收腿阶段，轮子要始终贴着地面滑，沿弧线缓慢收回靠拢至支撑腿，之后再向另外一侧45°方向滑行，收腿动作相同。需要注意的是，左右移动时要保持两脚及脚踝倾倒方向一致，形成合力，不得骑重心滑行。随着动作的熟练可逐渐加大左右移动的距离，以5米滑行宽度为标准进行练习。见图4-3。

扫码观看视频

图 4-3　大幅度重心移动

单腿连续侧蹬滑行

利用单腿连续侧蹬滑行可以练习支撑腿的支撑能力。在侧蹬技术的收腿阶段，不要立即收腿并拢，要放慢收腿速度，让侧蹬腿有一个在空中缓慢收回的过程，重心始终置于支撑腿上，

扫码观看视频

保持三点一线。支撑腿脚踝可适当外倒，增加支撑稳定性。在侧蹬过程中，切记重心不可向侧蹬腿转移。见图4-4。

图 4-4 单腿连续侧蹬滑行

后引点地辅助滑行

进行后引点地辅助滑行练习可提高后引腿技术标准程度，同时可促进支撑腿的支撑滑行能力。动作第一步采用侧蹬定型辅助法的技术动作，保持两秒后，大腿带动小腿做后引动作，随后后引腿脚下第一个轮子着地，支撑腿为主要支撑点，后引腿轮子为辅助支撑点。此练习可提高支撑滑行的稳定性。切记不可把身体大部分重量放至后引腿的轮子上，否则容易因支撑不稳摔倒。保持这一动作向前滑行15米后再换另一条腿后引。为了加大练习的难度，可让后引腿的膝关节与支撑腿的脚踝处对齐，同时加大支撑滑行的距离。见图4-5。

扫码观看视频

图 4-5 后引点地辅助滑行

横向侧蹬跳跃滑行

扫码观看视频

为了增强直线滑行技术的控制能力、重心移动能力、腿部蹬动力量以及脚下稳定性，可在直线滑行技术较熟练后练习横向侧蹬跳跃滑行。该动作具有一定难度，可在练习之前多在陆地进行宽滑跳练习，之后进行轮上练习。双摆臂滑行起动，有一定速度后，一条腿用力侧蹬，使身体向斜上方跳起，另一条腿可上提大腿，增加起跳高度，随即重心迅速转移到落地腿。落地时一定要用轮内侧着地，不要用轮外侧着地，否则极易造成脚踝扭伤。随着动作的熟练，可逐渐增加蹬动的力量和跳跃的高度。见图4-6。

图 4-6 横向侧蹬跳跃滑行

跳换腿侧蹬滑行

基本姿势起速滑行，之后侧蹬出一条腿，鼻尖与支撑腿的膝关节和脚尖三点一线对齐，待稳定后，侧蹬腿收回。此动作的滑行动力来源主要在收腿的一瞬间迅速蹬动一下地面，在两脚靠拢的一瞬间，支撑腿向上略微跳起，随即向侧蹬出，完成换腿侧蹬动作。在跳换过程中重心要保持稳定，不要上下起伏过大。随着动作的熟练可加快换腿的频率。见图4-7。

扫码观看视频

图 4-7 跳换腿侧蹬滑行

单腿支撑自由滑进

进行单腿支撑自由滑进练习可进一步增强支撑能力。起速滑行之后迅速呈单腿支撑后引滑行姿态，保持姿势，让身体自由滑进。为使滑行更加稳定，手臂前伸，重心完全落在支撑腿并使脚踝略微外倒。待速度减慢到无法进行单腿支撑时即完成一次练习。随着支撑能力的提升，自由滑进的距离将逐渐增加。见图4-8。

扫码观看视频

图 4-8　单腿支撑自由滑进

单腿悬空后引滑行

在滑行过程中，为了保持滑行姿势的稳定，支撑腿不仅要承担身体重量，还要配合技术动作不断地调整重心。采用单腿悬空后引滑行练习可加强支撑腿在完成技术动作过程中的稳定性。起速滑行之后迅速呈基本姿势，手臂前伸辅助重心控制，由一条腿支撑，另一条腿抬起悬空，重复做侧蹬后引动作。在这一过程中，为了保持自由滑行的稳定，支撑腿应根据另一条腿的技术动作调整身体重心，鼻尖始终与支撑腿的膝关节和脚尖保持三点一线。待速度减慢到无法支撑时即完成一次练习。见图4-9。

扫码观看视频

图 4-9　单腿悬空后引滑行

弯道滑行辅助练习

　　"弯道滑行技术练再多也不为过"，这句话道出了弯道滑行技术的重要性。弯道滑行技术是决定滑行技术稳定性与滑行速度的关键环节，比赛中很多摔倒都是弯道滑行技术不稳定造成的。在比赛中，弯道是超越战术最常用的位置。弯道滑行技术是在比赛中占有有利位置与取胜的关键。弯道滑行技术的动作结构较直线滑行技术复杂，掌握起来比较困难，应该加强练习。下面向大家介绍几种有效的专业训练方法。

小 · 贴 · 士

　　1.每节训练课都要有专项弯道练习，甚至每周都可以设置一节专门的弯道练习课，或者以弯道滑行为体能练习的载体。

　　2.可将直线滑行技术与弯道滑行技术练习融为一体，如两边弯道滑圈训练，甚至可以安排三个位置进行弯道练习。

　　3.可将弯道加速滑行练习作为间歇训练或者动作协调性训练的主要内容。

8 字轨迹单腿连续侧蹬

在地上摆两个桩桶，按照个人滑行的速度与力量调整两个桩桶的距离。采用单腿连续侧蹬绕桩滑行，整体滑行轨迹是绕着两个桶的8字形。由于是8字轨迹，所以需要不同腿向相反方向侧蹬与滑行，一条腿蹬到"8"的两个半圆的交叉点处换腿并迅速转移重心到另一条腿上。在滑行过程中，重心要完全落在支撑腿上并用外侧轮支撑，侧蹬腿做连续侧蹬，每次蹬动后缓慢收回并腿。为了保持身体蹲屈姿势，支撑腿一侧的手臂可置于脚踝处。由于左腿不适应连续侧蹬，在两腿交换的交叉点需要放慢速度，以免重心转换不及时造成摔倒。见图4-10。

扫码观看视频

图 4-10 8 字轨迹单腿连续侧蹬

十字变向滑行

在8字轨迹滑行的基础上，练习十字变向滑行，进一步增加滑行的难度。在场地中间摆放一个桩桶，并以之为中心在四周再放置四个桩桶，使之摆成一个"十"字，之后按照图4-11的滑行轨迹进行练习，滑行技术要点与8字轨迹滑行一致。由

扫码观看视频

于增加了两次转向，在交叉点重心转换的次数更多，要求练习者在滑行过程中注意力高度集中，以免重心转换不及时导致摔倒。

图 4-11 十字变向滑行

顺时针螺旋弯道滑行

进行顺时针螺旋弯道滑行练习可增强弯道交叉侧蹬时的技术定型。滑行起速后，双臂背后，目视前方，基本姿势滑行并以弯道交叉定型姿势自由滑进，鼻尖始终与右腿膝关节和脚尖保持三点一线，重心落在右腿上。由于交叉侧蹬定型姿势并没有后续动力来源，所以自由滑进的速度就会减慢，滑行圈就会逐渐缩小，形成一个螺旋状的轨迹。见图4-12。

扫码观看视频

图 4-12 顺时针螺旋弯道滑行

站立高抬腿弯道交叉步

弯道滑行过程中，为了获得更好的转弯滑行切入角度，右腿在侧蹬后应向膝关节对着左肩的方向抬起，之后在左腿前方落地，两腿交叉。为了强化这一交叉过程，可使身体站立滑行，进行高抬腿交叉步练习。练习时，双臂侧平举，保持身体平衡，目视滑行中心点，肩膀随着交叉步绕身体纵轴向左转动，两腿交叉时，右腿迅速上提大腿，右膝关节应对向左肩，然后缓慢落下，完成一个交叉复步的练习。见图4-13。

扫码观看视频

图 4-13　站立高抬腿弯道交叉步

弯道交叉跳跃

为了增强弯道滑行过程中的稳定性，可利用弯道交叉跳跃练习主动创造一种不稳定的滑行状态来增强肌肉与神经的调节能力。以双摆臂弯道交叉步技术为基础，进行跳跃蹬动。在右腿侧蹬阶段，右腿用力蹬地使身体跃起，随后左腿落地承接体重，落时一定要用轮外侧着地，在着地的一瞬间应用力固定脚踝，不可太过放

扫码观看视频

松。左腿支撑自由滑行2秒后，发力蹬地使身体跃起，并在空中进行两腿交叉，随后右腿落地承接体重，右脚应用轮内侧着地，落地一瞬间脚踝用力支撑，交叉时左腿不用完全蹬直，膝关节自然弯曲即可。见图4-14。

图 4-14 弯道交叉跳跃

反弯道练习

　　由于速度轮滑始终处于逆时针滑行方向，所以运动员在应对突发状况时，向左滑行的应激反应相比向右要灵活很多，在比赛中提升向右的滑行能力可以增强运动员处理突发事件的能力。在直线滑行技术中，利用体重进行蹬动，向右侧倾倒并使

扫码观看视频

轮外侧支撑滑行是技术提升的关键。进行反弯道练习可以提升上述两个能力。同时，从对侧肌肉练习的角度，运动员也不能单单只练向左转弯，应在训练中增加适当的右侧转弯的比重。为了安全，在反弯道练习时，可使双臂张开保持身体平衡，右腿用轮外侧支撑，大胆地将身体重量转移到右腿上，肩部绕身体纵轴向右转动。最初练习时应用较慢的速度进行适应练习，随着对重心转换的适应，可逐渐加大蹬动的力量。见图4-15。

图 4-15　反弯道练习

手触地单腿连续侧蹬

　　在弯道滑行技术中的单腿连续侧蹬动作的基础上，左手轻轻触地滑行。为了防止磨伤手指，应用指甲触地，滑行五圈为宜。练习时应利用下蹲来降低滑行姿态，不可使肩部下压。此项练习可有效提高支撑腿的力量。见图4-16。

扫码观看视频

图 4-16　手触地单腿连续侧蹬

站立左右交叉步

在前面的弯道练习过后，大家已经对向右交叉步滑行有了一定的适应，接下来，为了提升弯道交叉步技术脚下的灵活性及直线滑行时的"变刃"能力，可在站立姿势下进行左右交叉步练习。在起速滑行后进行练习，为了保持身体平衡可使手臂张开。由于左右连续交叉，没有侧蹬阶段，所以滑行的动力主要来源于两腿交叉时支撑腿轮外侧的蹬动，在练习时可刻意用力蹬动，以体会轮外侧蹬地的肌肉感觉。随着动作的熟练可加大左右交叉时的宽度与侧蹬的宽度，同时可在侧蹬时配合体重进一步加大动作的难度。见图4-17。

扫码观看视频

图 4-17 站立左右交叉步

弯道完整滑行

与直线滑行相同，在进行弯道完整滑行时，重心要在两条腿间转换，侧蹬时重心在左腿，交叉时重心在右腿。转弯时应肩部领先，眼睛要看着弯道弧度的内侧。为了加大转弯的效果，在右腿侧蹬后收腿时，左腿作为支撑腿，边向左倾倒，边向右侧蹬动，以两条腿在一个复步中都做一次侧向蹬动为佳。见图4-18。

扫码观看视频

图 4-18　弯道完整滑行

双人辅助拉拽练习

为了体验高速滑行的离心力，可采用双人辅助拉拽练习。应选在宽阔、周围没有突出尖物的场地进行练习。练习时，训练者左手拉住训练带，右手摆臂滑行；辅助者可根据练习者的情况加大外甩的力量，创造高速滑行时的离心力。如果练习者感到离心力过大，左手可快速松开，以免摔倒。见图4-19。

扫码观看视频

图 4-19 双人辅助拉拽练习

双蹬技术辅助练习

能够运用双蹬技术滑行被视为速滑高手的象征。下面将给大家介绍学习双蹬技术的几种有效、快速的练习方法。

双蹬技术的核心就是在支撑腿滑行阶段，让小腿与地面形成一定的夹角，并运用轮外侧用力收蹬的过程。相比常规技术的支撑滑行阶段只有自由滑行，双蹬技术则可以很好地为技术降速环节带来另外的蹬动力量，尽量减少地面阻力带来的速度损失，所以双蹬技术学习的核心也是如何利用轮外侧收蹬，以及适应与克服收蹬阶段重心在身体外侧时的恐惧心理，同时增强控制重心的能力。

轮外侧侧蹬滑行

采用站立滑行姿势，在蹬动与支撑着地阶段，双脚均用轮子的外侧滑行，滑行的距离根据脚踝的受力程度而定。进行该练习可有效感受利用轮子外侧面蹬动的滑行感觉。见图4-20。

扫码观看视频

图 4-20 轮外侧侧蹬滑行

轮外侧同蹬同收

扫码观看视频

　　利用轮外侧进行两条腿的同蹬同收。基本姿势为背臂滑行，同蹬阶段应由脚踝及小腿发力；同收阶段在大腿内侧发力的基础上尽力采用轮外侧着地，再慢慢收回，使两腿靠拢。见图4-21。

图 4-21　轮外侧同蹬同收

双脚同蹬滑行

扫码观看视频

　　基本姿势滑行起速后，双脚同时进行左右蹬动。向左蹬动时，左脚轮外侧蹬动，右脚轮内侧蹬动；向右蹬动时，右脚轮外侧蹬动，左脚轮内侧蹬动，使两脚尽量保持平行蹬动。练习者在练习时要充分体会轮外侧用力蹬动的感觉。随着动作的熟练可利用体重配合蹬动，以增加左右蹬动的幅度。见图4-22。

轮外侧用力蹬动

图 4-22　双脚同蹬滑行

前脚沿中线交叉滑行

采用站立滑行姿势，两脚前后开立，重心放在后脚上。以右脚练习为例，左脚承接体重，并以此为右脚左右蹬动的中心点，右脚在左脚的前方进行沿 S 形轨迹的蹬动。向左侧蹬动时应用轮外侧，向右侧蹬动时应用轮内侧，体会轮外侧蹬地的感觉。见图4-23。

扫码观看视频

图 4-23　前脚沿中线交叉滑行

后脚前轮点地，前脚 S 形蹬动滑行

上一个练习动作是练习腿在没有承接体重的情况下进行 S 形蹬动的，接下来，利用后脚前轮点地逐渐过渡到练习腿在承接体重的基础上进行轮外侧蹬动。采用站立滑行姿势，两脚前后开立，后脚采用第一个轮子点地辅助支撑，前脚进行 S 形蹬动。无论是轮内侧还是轮外侧都要用力蹬动才能保持滑行速度，练习时应将绝大部分重心放在前脚上。随着动作的熟练可逐渐加大蹬动的力量。见图4-24。

扫码观看视频

图 4-24　后脚前轮点地，前脚 S 形蹬动滑行

后引腿左右摆动练习

在双蹬滑行技术中，为了保持身体的平衡，使支撑腿能够做出更大的倾倒角度以增加收蹬的距离，后引腿要摆过支撑腿。练习时，采用站立滑行姿势，双摆臂配合滑行。以右腿支撑为例，在支撑滑行阶段，右腿向右倾倒，用轮外侧顺势收蹬，左腿后引并摆过右腿，两腿形成"剪刀腿"姿态，体会双蹬过程中两腿的配合动作。见图4-25。

扫码观看视频

后引腿摆过支撑腿

图 4-25　后引腿左右摆动练习

双摆臂配合大幅度后引腿摆动练习

在上一个动作的基础上，逐渐增加滑行姿势的蹲屈角度、双摆臂的幅度、腿部蹬动的力量、两腿交叉摆动的幅度，以逐渐适应基本姿势下的双蹬滑行。见图4-26。

扫码观看视频

图 4-26 双摆臂配合大幅度后引腿摆动练习

单脚 S 形蹬动滑行

扫码观看视频

单脚 S 形蹬动滑行练习有一定难度，需在熟练掌握前面的技术的基础上进行。采用站立姿势起速滑行，达到一定速度后，呈单脚支撑滑行姿势，并在滑行阶段做 S 形蹬动。双臂与非滑行腿可配合重心的控制，以提升滑行的稳定性。蹬动时为了提升安全性，单脚蹬动滑行的 S 形轨迹应延长一些。为了保持滑行速度的稳定，在动作熟练后，可在左右倾倒时充分利用体重进行辅助蹬动。见图4-27。

图 4-27 单脚 S 形蹬动滑行

双蹬技术完整滑行

双蹬技术最重要的就是支撑腿落地时即刻用轮外侧支撑，向身体重心投影线方向收蹬，衔接的时机决定滑行时持续的动力提供。收蹬阶段的滑行轨迹应是一个弧线，在收蹬时不能仅用大体重辅助与大腿蹬动，还要充分利用小腿用力蹬动才能达到好的蹬动效果。后引腿摆动可起到辅助收蹬的作用，同时要注意后腿摆动的幅度不可过大，否则会降低两腿交替蹬动的频率，不利于速度的提升。见图4-28。

扫码观看视频

图4-28　双蹬技术完整滑行

冲刺技术辅助练习

速度轮滑项目是追求极限滑行速度的运动。在竞技场上，名次的争夺往往在毫秒之间，所以冲过终点线的一瞬间常是胜败的关键。无论短距离比赛还是长距离比赛，冲刺技术的娴熟应用都会为成绩的提升带来帮助。冲刺技术，由于大部分是在高速滑行下应用，对于初学冲刺技术的爱好者来说有一定难度，所以应采用循序渐进的练习方法，这样才能更加高效、更安全地掌握此项技术。

弓箭步跳换腿

冲刺技术需要运动员在冲过终点线的一瞬间两腿呈弓箭状前后大幅度开立姿势，并且前腿的小腿要往前踢送。在滑行前，可在陆地上进行弓箭步跳换腿模拟练习。上体直立，两腿前后开立，前腿的小腿往前伸出，并使脚尖用力贴向地面，小腿与大腿的夹角应大于90°，之后开始双腿跳换练习。见图4-29。

扫码观看视频

图4-29 弓箭步跳换腿

轮上渐进式练习

滑行起速以后，呈基本滑行姿势。

第一步，先进行小腿送踢练习。双臂背后，重心置于一条腿上，另一条腿进行踢送。轮子始终贴在地面上，不要翘起脚尖，每次使脚踢至膝关节伸直即可收回。两腿交替练习。见图4-30。

扫码观看视频

图 4-30　轮上渐进式练习第一步

第二步，两腿配合练习。为了保证安全，可使身体姿势略高些，两臂伸开，保持身体平衡，在滑行过程中两腿前后开立，前腿踢送的程度与上一步动作一致，并且在膝关节伸直后立即使两腿收回靠拢。两腿交替练习。见图4-31。

图 4-31　轮上渐进式练习第二步

第三步，在第二个动作的基础上，降低蹲屈角度并在高速下练习。根据动作的熟练程度，逐渐加大两腿开立的距离。见图4-32。

图 4-32　轮上渐进式练习第三步

第五章

速度轮滑体能训练

力量训练

要想完善滑行技术，就不能忽视力量素质，肌肉力量是滑行者完成各种技术动作的动力源泉，而且力量水平对速度和耐力有着重要影响。下面几个专业轮滑力量练习可有效提高滑行者的力量素质。

负重滑

负重滑可以有效提高肌肉动态做功能力，增强专项肌肉力量，想快速提升滑行速度的学习者可多进行此项练习。需要注意的是，要根据不同年龄、不同力量水平选用不同重量的沙袋。见图5-1。

沙袋的位置一定要固定在腰间

图 5-1　负重滑

背·带·式·沙·袋

　　负重滑一般采用自制背带式沙袋作为负重训练的器械，业余少年运动员可以使用2.5~4千克的沙袋，成年运动员可以使用8~10千克的铅沙袋。在训练中可以将沙袋像背包一样系在腰间，沙袋的主体部分要在运动员蹲屈姿势形成后，压在腰部。在高速滑跑过程中，要确保将沙袋牢牢固定在腰间。

负重滑、去负滑交替训练法

　　负重滑训练通常采用长时间的耐力滑练习，但是，这种负重滑的训练不能贯穿每堂训练课，因为如果控制不好会导致过度疲劳，失去训练的意义。可以在全年的训练中挑出一个周期专门进行此类练习，一般可以持续 1~3 个月。例如，一堂训练课的总滑行量若是2万米，可以将训练分为两部分：在前半部分背着沙袋进行1万米的滑行训练，采用中上等速度匀速滑；在第二阶段的1万米可以除去沙袋。这样，运动员会在第二阶段的训练中感觉非常轻松。让运动员在负重训练过后产生明显的轻松感，对于提高肌肉力量有很好的作用。

　　以速度练习为主的训练课，可以在前半堂采用中速负重滑，使肌肉在经过一段时间的负重练习后有明显的轻松感；也可以在每组滑行训练的间隙采用负重加速训练，这样能使肌肉发力更迅速，且不会产生僵硬感。

　　以耐力练习为主的训练课，可以在整个滑行练习过程中都采用负重练习的方法，也可以在前半程采用负重滑练习，后半程去掉负重，这样会产生轻松感，在长距离训练中可以加强运动员的爆发力，提升临场变速能力。

负重屈腿走

将沙袋等重物置于腰间，进行屈腿走练习。见图5-2。

扫码观看视频

图 5-2　负重屈腿走

弯道负重滑行

将沙袋等重物置于腰间，进行弯道交叉步滑行。见图5-3。

扫码观看视频

图 5-3　弯道负重滑行

双腿触胸跳

扫码观看视频

双腿触胸跳是爆发力提升练习。身体呈半蹲姿势，两脚开立，与肩同宽，双臂在胸前十字交叉，稳定后，双腿用力蹬地跳起，跳至最高处双臂展开，大腿用力快速触胸，落地后随即下蹲缓冲，双臂恢复至十字交叉。见图5-4。

图 5-4　双腿触胸跳

开立跳

　　开立跳是爆发力提升练习。身体呈半蹲姿势，两脚开立，双臂在胸前十字交叉，稳定后，双腿用力蹬地跳起，跳至最高处两腿迅速大幅度分开，并用双手尽力触碰脚踝，落地后随即下蹲缓冲，双臂恢复至十字交叉。见图5-5。

扫码观看视频

图 5-5　开立跳

手趴地前进辅助练习

手趴地前进辅助练习可以有效提升手臂力量，尤其对摆臂力量的提升有显著功效。此练习需要双人共同完成。辅助者抬起练习者的双腿，练习者双手交替向前"爬行"。在此练习中，辅助者特别关键，既要控制抬腿高度，使练习者身体平行于地面，又要给练习者合适的向前推进的力量。见图5-6。

扫码观看视频

图5-6　手趴地前进辅助练习

负重蹲跳

练习负重蹲跳可有效发展腿部肌肉耐力。手持壶铃或杠铃片等重物，身体呈半蹲准备姿势，稳定后，双腿用力蹬地跳起。见图5-7。

扫码观看视频

图 5-7　负重蹲跳

两头起

两头起是腰腹部肌肉力量训练。身体平躺在地面上，两臂向头部方向伸直，稳定后，双腿与双臂同时抬起并在腹部斜上方触碰，使身体形成一个 V 字形。见图5-8。

扫码观看视频

图 5-8　两头起

杠铃蹲

练习杠铃蹲可以提高大腿肌肉的绝对力量。练习方式有两种：①利用最大重量的50%~60%练习2或3组，每组25次蹲起；②利用最大重量的30%~40%高频率练习2或3组，每组40次蹲起。见图5-9。

扫码观看视频

图5-9 杠铃蹲

杠铃提踵

身体呈半蹲准备姿势，手握杠铃，稳定后，双腿用力蹬地，使身体直立，脚后跟提起的同时，手臂提拉杠铃至胸前，之后再缓慢下蹲至初始姿势。见图5-10。

扫码观看视频

图5-10 杠铃提踵

负重摆臂

基本姿势准备，两臂在体侧自然下垂，手握杠铃片，待稳定后，两腿蹬起，膝关节伸直。在蹬起的过程中，手臂前后摆动配合；下蹲时，手臂再呈自然下垂状态；再次蹬起时，换另一侧手臂前摆。手臂摆动节奏要与腿部蹬起的节奏协调一致。见图5-11。

扫码观看视频

图 5-11　负重摆臂

负杠铃左右蹲屈

站立姿势，杠铃扛于肩上，待稳定后，一条腿用力向上抬起，抬至大腿接近腹部后，身体顺势向抬起腿一侧倾倒，抬起腿向同侧跨出，跨出腿落地时呈支撑侧蹬姿势，支撑2秒后，侧蹬腿收回，两脚靠拢，之后起身站立，再向相反方向重复这一动作过程。见图5-12。

扫码观看视频

图 5-12　负杠铃左右蹲屈

跳楼梯练习

　　跳楼梯练习是克服自身体重的力量练习，也是提升腿部力量和无氧耐力的有效方法。少年儿童可以大量运用这一方法提升腿部力量。见图5-13。

扫码观看视频

图 5-13　跳楼梯练习

台阶弯道滑跳模仿

利用台阶进行弯道滑跳模仿，在规范弯道技术的同时，还可以提升腿部蹬动力量，增强肌肉爆发力。练习时，呈双摆臂侧蹬准备姿势，左脚预先踩在楼梯上，待稳定后，左脚向下蹬动，使身体跳起，随后右脚用交叉步跳至上一级台阶，如此反复进行交叉步跳换。跳起时腿部的发力方向一定要向下，跳起高度是此动作的关键。做动作时，注意力要高度集中，每次要力求脚落在台阶的中间，如果落在台阶边沿容易踩不实或滑脱，导致脚踝扭伤。见图5-14。

扫码观看视频

图 5-14 台阶弯道滑跳模仿

核心力量练习（一）

利用单侧腿与手臂支撑练习。以右侧为例，右腿跪在地面，右臂支撑地面，左臂前伸，左腿后伸，支撑稳定后保持10~30 秒。见图5-15。

扫码观看视频

图 5-15 核心力量练习（一）

核心力量练习（二）

双手撑地，两腿交叉，稳定后，手臂、腰腹、两腿同时发力，使两腿腾起，在空中进行交换，落地时呈反向交叉状态。见图5-16。

扫码观看视频

图5-16 核心力量练习（二）

耐力训练

轮滑爱好者要想更好地提升耐力素质，就要采用科学的训练方法。

有氧耐力训练

有氧耐力是无氧耐力的基础，有氧耐力的可塑性高于无氧耐力。只有通过多年系统的训练，拥有扎实的有氧耐力基础，才能提高专项耐力水平。青少年速度轮滑运动员应以发展有氧耐力为主。在青少年速度轮滑运动员最初阶段的耐力训练中，应采用低强度和中等强度，训练时的负荷强度应控制在有氧代谢和无氧代谢的临界点，即用最大力量的30%～60%，每次负荷的时间不应少于30分钟，对于有一定训练水平的运动员，负荷时间可以达到 60～90分钟，心率控制在最大心率的60%。长时间耐力跑、长时间匀速滑、自行车耐力等练习方法都是提升有氧耐力的重要手段。

为了提升青少年速度轮滑运动员的有氧耐力，改进其滑行技术，可将跑步与多种陆地模仿动作组合起来做综合练习。

第一种：15分钟跑 +5分钟滑行模仿 +5分钟慢动作滑行模仿。

第二种：15分钟跑 +5分钟滑行模仿 +5分钟弯道交叉步模仿 +5分钟滑行模仿。

第三种：10分钟跑 +3分钟慢速滑行模仿 +8分钟弯道交叉步模仿。

第四种：25分钟跑 +15分钟陆地专门组合性练习。

根据练习水平，可调整运动量和强度，不断提高有氧耐力。

从速度轮滑主流训练方法上看，优秀运动员都在力求成为长短兼备的选手。在训练中，低强度有氧训练、无氧阈训练、最大摄氧量训练比重较大，占到总训练量的70%。

无氧耐力训练

耐乳酸训练：可达到最大心率或比最大心率低10～20次，运动间歇比为1：1或1分钟全力滑配以5分钟间歇的训练，可提升无氧的运动能力、肌肉耐乳酸能力，适应比赛强度。例如，200～400米双摆臂大幅度蹬动滑行（次极限速度、间隔时间按上述要求）或100～200米的动作协调性滑行（双摆臂大幅度蹬动快速滑行）都是非常好的练习方式。训练结束前一定要安排放松滑或者慢跑，消除乳酸。

乳酸峰值训练：可达到最大心率或比最大心率低10～20次，运动间歇比为1：4，乳酸达到峰值的训练是模拟比赛强度、滑行技术、战术练习的最佳方式。例如，200～400米全力双摆臂极限滑行（3次为一组）或1000米力竭性滑行。注意，准备活动强度要与比赛的准备活动强度一致。

磷酸原训练：可达到70%最大心率，运动间歇比为1：2的训练可提升绝对速度，使运动员适应在高速滑行下的技术运用。例如，全力冲刺滑行50米，间歇20秒左右。

　　青少年速度轮滑运动员应从十五六岁开始逐渐进行无氧耐力训练，逐渐增加无氧耐力训练负荷的比重。此阶段的青少年运动员由于心血管系统的机能比低龄时期有了很大的提高，并经过低龄时期大量的有氧耐力训练，具备了一定的基础，应该进行较大强度的专项训练，进一步提高有氧耐力水平，提升运动表现。

速度轮滑经典训练理论与方法

在速度轮滑训练领域，想要达到理想的滑行速度，在训练过程中采用符合轮滑项目体能要求的科学训练方法，可以产生事半功倍的效果。下面介绍几个在速度轮滑训练中经常运用并行之有效的训练方法。

持续训练法

持续训练法是指不间断地连续进行超过比赛距离、低于比赛速度的匀速或变速练习的方法。这种方法主要用来提高心肺功能和发展有氧耐力。例如，持续2～4小时的50千米长距离滑行，由于强度不大，对身体的刺激比较小，这种方法产生效果的速度比较慢，但是比较稳定，且效果不易消退。

训练方法：长距离滑行、轮滑越野、骑自行车、越野跑、游泳等。

间歇训练法

间歇训练法是指对动作结构和负荷强度、间歇时间提出严格要求，以使机体处于不完全恢复状态下反复进行练习的训练方法。间歇训练不仅是提高速度耐力和一般耐力的较好手段，而且对无氧运动能力的提高也有良好的效果。

　　200～400米是青少年速度轮滑运动员最佳的间歇训练滑行距离，总的练习组数不要超过20组，以防对机体刺激过大，后半程速度下降，影响训练效果。间歇训练恢复期较长，两天才能完全恢复。注意每周训练中的持续性，因为间歇训练提升机能速度快，但是消退得也快；同时要注意速度、强度的逐步增加，以免造成过度疲劳。

　　训练方法：可采用相同滑行距离、相同滑行强度，逐渐缩短间歇时间，或者采用相同间歇时间，逐渐提高滑行强度。无论运用什么间歇方法，间歇时间均应控制在20～40秒内。

　　不同间歇训练的目的见表5-2。

表5-2　不同间歇训练的目的

训练目的	滑行时间	间歇时间	比例
有氧能力	3分钟	3分钟	1：1
耐乳酸	30~60秒	30~60秒	1：1或1：2
乳酸消除	2分钟	4分钟	1：2
磷酸原、速度爆发力	10秒	100~120秒	1：0或1：12
乳酸峰值	30秒	120秒	1：4

间 歇 训 练 与 持 续 训 练

采用间歇训练法进行耐力训练时，最大摄氧量提高10%；采用持续训练法进行耐力训练时，最大摄氧量仅提高4%。可见，在有氧耐力训练中，训练的安排是非常重要的环节。那么，哪种训练对体能提升更有效呢？

科学的训练安排就是两种方法都要使用。这两种训练方法对机体刺激的效果不同，间歇训练需要以持续训练作为基础。这两种训练方法的穿插练习可以缓解机体的肌肉疲劳与神经疲劳。但是，这两种方法在训练中的设计一定要科学合理。

以3个月的比赛准备周期为例：第一个月要全部采用持续训练法，第二个月要使间歇训练与持续训练的比例达到1∶1，第三个月持续训练法与间歇训练法的比例要达到1∶3。

重复训练法

重复训练法是指按规定的时间，多次重复某一滑行距离或技术动作的方法。重复训练间歇时间的控制应满足呼吸和心率基本恢复。重复训练是以强度为中心的训练方法，它的目的是提高速度、速度耐力、肌肉力量，帮助运动员学会分配体力，感受比赛技术和增加经验。

训练方法：短距离选手可采用200米、400米重复滑行，中长距离选手可采用400米、800米、2000米、6000米重复滑行。

循环训练法

循环训练法是指按照一定的程序将不同的单个练习串联起来，让运动员依次进行循环练习的方法。循环训练法有利于提高运动员心血管系统和呼吸系统的功能水平，提高肌肉耐力和各肌群协调做功的能力，还能调动运动员参加训练的积极性。在训练中，此种方法多用于全面性体能训练和力量训练。

循环训练法设计的原则要兼顾弯道与直线技术，如可以在400米的田径场进行陆地动作的模拟练习，直线技术练习可用屈腿走、单腿连续侧蹬、抱膝走、蛙跳、立卧撑等进行串联，弯道技术练习可用交叉步、利用体重侧蹬、快速弯道小交叉步等进行串联，中间采用慢跑与加速跑进行衔接。

训练方法：将5～15个训练不同能力的动作串联在一起进行设定时间与设定距离的练习，要注意适当搭配直线与弯道技术动作。

短冲训练法

短冲训练法是指运动员尽全力用最高速度进行练习的方法。短冲训练可以有效地提高运动员无氧代谢的能力。进行大量的短冲训练能够有效地提高速度和增强肌肉力量，改善肌肉利用、储存能量的能力，也是一种非常好的改进快速滑跑技术的方法。

训练方法：100％强度低姿势双摆臂滑行20～50米，根据自身情况安排滑行组数。

变速训练法

变速训练法是指运动员在不间断滑跑的情况下，有规律或有节奏地交替变换滑跑速度的训练方法。变速训练法可用于改进滑跑技术，发展力量、速度和耐力等素质，能更为灵活地训练运动员变换速度滑跑的能力，同时，变速滑能力是速度轮滑运动员在实战中至关重要的竞争能力，在弯道滑跑中的加力、加频率提速的能力尤为重要。

训练方法：在规定滑行圈数内进行有规律的快慢圈变换练习，如1快1慢，2快2慢等，快圈强度为100%全力滑行，慢圈强度为全力滑行速度的60%。

法特莱克训练法

法特莱克训练法又称速度游戏训练法，是指在相当长的时间内，运动员随意变换练习速度、内容和环境的训练方法。采用法特莱克训练法训练时，最好在野外，如山地、树林，利用不同地形进行不同内容交替连接的长时间练习。法特莱克训练法主要用来发展耐力，对心肺功能的提高作用显著。

训练方法：可选择风景秀丽的地点进行提高强度的练习，如各种陆地专项基本功练习、跳跃类练习等。

项目体力定型法

项目体力定型法是一种在小场地里用陆地辅助练习动作模拟比赛全程的训练方法，如在半径为5～10米、直道为20～40米的椭圆形场地上，采用低姿势直道快速跪推屈腿走和向左倾斜略带交叉步形的弯道跪推屈腿走完成练习。

训练方法：从起跑模仿动作开始，按比赛强度要求，在直道采用快速低姿势屈腿走，在弯道进行交叉步模仿，直至冲刺到终点，全程计时。

测验、比赛法

测验、比赛法就是按竞赛规则要求，在教学训练过程中，组织教学测验、比赛或参加正式比赛，以达到大强度训练和检查训练效果及适应比赛目的的方法。此方法可提高运动员的参赛实力。测验、比赛法需在摸拟比赛的条件下进行，它是提高运动员积极性和主动性的有力手段，也是发展专项素质、巩固技术、培养战术意识和顽强意志品质的特殊方法。

训练方法：根据实际参加比赛的项目进行安排，要做好准备工作，营造一定的竞赛气氛，这样才能收到最佳效果。

第六章

平地花式组合

基础动作

双鱼（fish）

扫码观看视频

关键点：转弯时微蹲，外脚画弧为主要发力点。见图6-1。

图6-1 双鱼

正蛇（snake）

关键点：重心偏前脚，后脚重复前脚轨迹。见图6-2。

扫码观看视频

图6-2 正蛇

正剪（cross）

关键点：重心置于两脚中间，两脚交叉和打开的角度尽量大，但距离不要太大。见图6-3。

扫码观看视频

图6-3 正剪

倒蛇（back snake）

关键点：重心稍靠于后脚，头微偏，眼睛从肩上观察桩的位置，脚压轮外侧，运用腰部力量带动脚。见图6-4。

图 6-4　倒蛇

倒剪（back cross）

关键点：重心置于两脚中间，头微偏，眼睛从肩上观察桩的位置，两脚交叉与打开时夹角尽量大，但距离不要太大。见图6-5。

图 6-5　倒剪

正剪接倒剪绕桩（crazy）

扫码观看视频

关键点：重心始终放于桩线（桩桶连线）上，靠重心带动身体移动，正剪和倒剪时脚与桩线的夹角都为45°。见图6-6。

图 6-6 正剪接倒剪绕桩

蟹步一字绕桩（eagle）

扫码观看视频

关键点：身体重心沿着桩线前后移动，进行过桩滑行。见图6-7。

图 6-7 蟹步一字绕桩

正尼尔森（nelson）

扫码观看视频

关键点：后脚在切的同时注意蹬地，以产生动力。见图6-8。

图6-8　正尼尔森

玉米（corn）

扫码观看视频

关键点：点轮时要压轮外侧，其间不要滑动，最好保持原地点轮。见图6-9。

图6-9　玉米

意大利绕桩（italian）

关键点：上身带动下身转动，转体后身体置于两桩中间位置。见图6-10。

图6-10 意大利绕桩

墨西哥绕桩（mexican）

关键点：上身带动下身转动，剪桩前注意右脚的起动，剪桩后脚在两桩中间。见图6-11。

图6-11 墨西哥绕桩

攀藤（mabrouk）

关键点：重心要在滑行中主动移动，上身带动下身转动。

见图6-12。

图6-12 攀藤

沃特（volt）

关键点：右脚在桩前点轮，距离不要太远，点轮期间右脚不要滑动，左脚压轮外侧画弧，弧度小于180°。见图6-13。

图 6-13 沃特

正单脚（one foot）

扫码观看视频

关键点：前期练习可通过提腿带动脚向前，后期通过压轮

加速，画弧时要尽量画小弧。见图6-14。

图 6-14 正单脚

叉跳（X-jump）

扫码观看视频

关键点：身体要与桩线成90°夹角，头微侧，观察桩线，过桩时脚形为内八字形、外八字形交替。见图6-15。

图6-15 叉跳

正叉花（double crazy）

扫码观看视频

关键点：重心放于桩线，交叉变向时发力前进，注意掌握两脚时差。见图6-16。

图6-16 正叉花

倒叉花（back double crazy）

关键点：重心沿桩线跟随双脚移动，通过压轮外侧发力。

见图6-17。

图6-17　倒叉花

双前双后交叉转体绕桩（crazy sun）

关键点：在正叉花与倒叉花交接处转动上身，多加练习。见图6-18A、图6-18B。

图6-18A　双前双后交叉转体绕桩

图 6-18B 双前双后交叉转体绕桩

倒尼尔森（back nelson）

扫码观看视频

关键点：后脚作刀切状，切地瞬时发力。见图6-19。

图 6-19 倒尼尔森

倒单脚绕桩（back one foot）

扫码观看视频

关键点：上身稍直立，身体微右偏，通过右浮腿摆动带动左脚发力。注意重心变化。见图6-20。

图6-20　倒单脚绕桩

进阶动作

后轮依次点起绕桩 + 玉米（sun）

关键点：点轮画弧作圆规状，重心放于桩线上，重心要主动前进。见图6-21。

图 6-21　后轮依次点起绕桩 + 玉米

玛丽蛇绕桩（heel toe snake）

关键点：腰部发力带动脚，后腿膝关节对向前腿膝关节后方，尽量靠近。见图6-22。

图 6-22　玛丽蛇绕桩

前向双前轮绕桩（toe toe snake）

扫码观看视频

关键点：重心放于身体中心，双腿弯曲，压轮外侧。

见图6-23。

图 6-23　前向双前轮绕桩

双后轮正蛇绕桩（heel heel snake）

关键点：重心放于身体中心，压轮外侧。见图6-24。

图 6-24　双后轮正蛇绕桩

前向双前轮剪桩（toe toe cross）

关键点：重心稍前倾，多练习。见图6-25。

图 6-25　前向双前轮剪桩

前向双后轮剪桩（heel heel cross）

扫码观看视频

关键点：重心稍前倾，多练习。见图6-26。

图 6-26　前向双后轮剪桩

变向剪桩（cross shift）

扫码观看视频

关键点：双脚平行，膝关节微屈，重心始终沿桩线移动。见图6-27。

图 6-27　变向剪桩

原地双脚依次画弧绕桩（crazy leg）

扫码观看视频

关键点：重心放于身体中心，单轮点地时要用力，行进时一脚以点轮状态向上滑，另一脚全落地向下画弧。见图6-28。

图6-28　原地双脚依次画弧绕桩

前脚尖飘移（front toe drift）

扫码观看视频

关键点：双腿微屈，重心放低，左脚压轮外侧，点前轮的右腿向左腿尽量靠。见图6-29。

图6-29　前脚尖飘移

正剪双后轮变向倒剪下桩（greg friet）

关键点：正剪完成变向时，注意上身快速及时转成倒剪姿势。

见图6-30。

图 6-30　正剪双后轮变向倒剪下桩

双桩画 8（eight）

关键点：左脚尽量保持不动，重心多偏于右脚。见图6-31。

图 6-31　双桩画 8

小马跳（horse jump）

关键点：跳跃时右腿带动左脚跳动，要落于两桩之间，注意练习节奏。见图6-32。

扫码观看视频

图6-32 小马跳

刷子（brush）

关键点：重心偏于左脚，但始终在桩线上；右脚左右点轮时向前蹬地，产生动力，左脚压轮外侧；注意左脚和右脚与桩线的距离要相近。见图6-33。

扫码观看视频

图6-33 刷子

正 q 转绕桩（J-turn qq）

扫码观看视频

关键点：左脚点轮时要在桩前，不可离桩过远，依靠惯性让右脚画弧。左脚压轮内侧，点轮不要滑动。见图6-34。

图 6-34　正 q 转绕桩

正茶壶（rocket）

扫码观看视频

关键点：重心稍向前移，脚压轮外侧，同时上身辅助摆动发力，带动脚画弧。见图6-35。

图 6-35　正茶壶

单脚横向跳过桩（wiper）

扫码观看视频

关键点：重心要提前于左脚移动；左脚跳跃时内八字步、外八字步交替；右侧浮腿摆动要有节奏，带动左脚跳跃。见图6-36。

图 6-36　单脚横向跳过桩

反风车（anti-windmill）

扫码观看视频

关键点：起动时右脚蹬地发力，左脚压轮外侧，上身先转，带动脚转向。见图6-37。

图 6-37　反风车

单脚连续正转向（flat shift）

扫码观看视频

关键点：身体朝向不变，脚压轮外侧，利用腰部力量变向，注意节奏感。见图6-38。

图 6-38　单脚连续正转向

玛丽反转（heel toe spin）

扫码观看视频

关键点：重心置于身体中心，转身后左脚前轮与右脚后轮要置于同一条线上，其连线与桩线平行，上身先转，带动脚转动。见图6-39。

图6-39 玛丽反转

双前轮转（toe toe spin）

扫码观看视频

关键点：双脚呈内八字状，双腿弯曲，上身先转，保持直立，通过腰部力量带动转体。见图6-40。

图6-40 双前轮转

技术组合练习

小链接练习（1）

扫码观看视频

正蛇 + 蟹步一字绕桩 + 倒蛇（左脚在前）+ 倒蛇（右脚在前），重复以上动作。

小链接练习（2）

扫码观看视频

正蛇 + 蟹步一字绕桩 + 倒蛇 + 原地正剪 + 以左脚后轮为中心画弧转身 + 正蛇，重复以上动作。

小链接练习（3）

扫码观看视频

倒尼尔森 + 玉米后半部分 + 单脚横向跳过桩反向跳 + 正剪 + 倒尼尔森，重复以上动作。

combo 教学（1）

扫码观看视频

正叉花不过桩 + 正尼尔森 + 倒尼尔森 + 双前双后交叉转体绕桩 +（双前双后交叉转体绕桩前半部分 + 玉米）+ 正叉花 + 原地八轮转。

combo 教学（2）

扫码观看视频

　　墨西哥绕桩＋倒尼尔森点前轮右脚转身＋沃特（第二部分动作多转半圈）＋（圆桩倒剪＋八轮转转身）＋前脚尖漂移＋前脚尖漂移后站定，提起左脚后倒蛇原地转一圈＋反风车。

第七章

轮转冰技巧

上冰前的准备

着装与护具

得益于人工冰场的发展，大家无论在什么季节都可以去室内冰场体验滑冰的乐趣。滑冰与轮滑的着装不同，尤其在夏季，室内冰场与室外的温差较大，建议穿着长衣、长裤（图7-1），除了可以防止伤风感冒，最重要的是，在摔倒时可以保护皮肤不被冰面上的冰碴划伤。滑冰时要佩戴纯棉材质的护具（图7-2），不要佩戴轮滑用的硬壳护具，因为硬壳在接触冰面时太滑，支撑不住，无法起到保护作用。

· 纯棉材质的护具

图 7-1 滑冰着装   图 7-2 滑冰护具

认识冰刀刃

滑冰与轮滑最大的区别就是器材的不同，现今各种室内冰场给顾客使用的滑冰鞋基本都是冰球刀或者花样刀，长度与休闲式轮滑鞋和自由式轮滑鞋相当，但是比速度轮滑鞋要短很多，所以要注意滑冰时重心不要过前或过后。见图7-3。

冰球刀　　　　休闲式轮滑鞋　　　　速度轮滑鞋

花样刀　　　　自由式轮滑鞋

图 7-3　滑冰鞋与轮滑鞋

　　要想在冰面上自如地滑行，就要利用冰刀的刀刃进行蹬动滑行，这也是轮滑和滑冰转换过程中重点的适应性练习。冰刀有内刃和外刃，见图7-4，只有在刀刃足够锋利时才能在蹬动时使冰刃嵌入冰内进行滑行，大家可用指甲测验刀刃的锋利程度，如能刮起指甲沫，说明刀刃完全可以满足基本滑行要求，可放心使用。

外刃　　　　　　　靠近内侧为内刃
　　内刃　　　　靠近外侧为外刃

图 7-4 冰刀

陆地辅助练习

在上冰之前千万不要操之过急，轮滑与滑冰在滑行感觉上还是有一些不同的，应按照先原地，再移动，最后滑行的原则进行适应性练习。按照以下适应性练习步骤进行辅助练习，可以更加安全、快速、有效地体验滑冰的乐趣。

原地踏步

双臂自然下垂至膝关节外侧斜前方，待稳定后，大腿用力抬起，在冰刀离开地面10厘米后把脚缓慢放到地面上。双脚交替做原地踏步，20次为佳，也可逐渐提高抬脚的速度。见图7-5。

扫码观看视频

图 7-5　原地踏步

陆地侧蹬模仿

基本姿势准备，双手放松下垂，目视前方，一条腿侧向蹬出。侧蹬腿在滑行过程中起到提供动力的作用，不要向身体后方或前方蹬出，脚踝不能向外展开或者向内勾起，要使两脚平行。与轮滑运动相同，为了把身体重量集中到支撑腿上，需要让鼻尖与支撑腿的膝关节及脚尖对齐，形成三点一线。待支撑稳定后，侧蹬腿收回靠拢至支撑腿侧，即完成一次侧蹬收腿动作，再用相同技术换另外一侧腿蹬动，两腿交替练习。见图7-6。

图 7-6　陆地侧蹬模仿

陆地移动重心

基本姿势准备，两脚开立，略比肩宽，鼻尖在地面的投影点在两脚的中间。待稳定后，身体重心向一侧腿移动，直至身体的全部重量落在一条腿上，并且支撑腿的脚踝外倒，用冰刀的外刃支撑。待稳定后再向相反方向缓慢移动身体重心，在移动的过程中体会身体的重心从一条腿慢慢移动到另外一条腿的过程。见图7-7。

扫码观看视频

图 7-7　陆地移动重心

陆地侧蹬跳换腿

进行陆地侧蹬跳换腿练习可增加滑行的稳定性及降低在滑行初期对侧蹬的恐惧心理。基本姿势准备，先侧蹬出一条腿，鼻尖与支撑腿的膝关节和脚尖三点一线对齐。待稳定后，侧蹬腿收回，在两脚靠拢的一瞬间，支撑腿向上略微跳起，随即向侧蹬出，完成换腿侧蹬动作。在跳换腿过程中注意身体的重心保持稳定，不要上下起伏过大，随着动作的熟练可加快换腿的频率，也可使落地脚始终落在相同的点来提高对动作的控制能力。见图7-8。

图 7-8　陆地侧蹬跳换腿

陆地侧向移动

以身体往右侧移动为例，基本姿势准备，右脚抬离地面，侧向跨出肩膀宽度，落地后重心慢慢转移到右脚，左脚收至右脚旁。重复这一动作5次，再用相同方法向左侧移动5次。见图7-9。

扫码观看视频

图 7-9　陆地侧向移动

冰上适应练习

冰上两脚前后滑动

基本姿势准备，手臂置于体前并自然下垂，利用冰刀的平刀交替前后滑动，身体重心不要过前，也不要过后，做动作时体会冰刀与冰面接触及滑动的感觉，随着动作的熟练与控制能力的增强可加大前后滑动的幅度。见图7-10。

扫码观看视频

图 7-10　冰上两脚前后滑动

冰上踏步

双臂自然下垂至膝关节两侧斜前方，待稳定后，大腿用力抬起，冰刀离开地面10厘米后，把脚缓慢放到地面上，双脚交替做原地踏步20次，也可逐渐提高抬脚的速度。见图7-11。

扫码观看视频

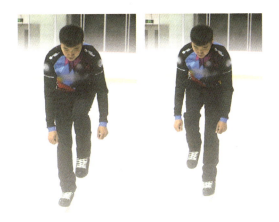

图 7-11　冰上踏步

冰上侧向移动

以身体往右侧移动为例，基本姿势准备，右脚抬离地面，侧向跨出肩部宽度，落地时右脚冰刀的内刃落在冰面上踩实，之后重心慢慢转移到右脚上，左脚与右脚靠拢。重复这一动作5次，再用相同方法向左侧移动5次。见图7-12。

扫码观看视频

图 7-12　冰上侧向移动

冰上行走

基本姿势准备，腿向上抬起，随即脚向前迈出，落地后重心移至前腿，两脚交替踏步行进。切记在做踏步行走动作时，脚不要向后发力蹬动，因为脚下是冰刀，所以不能凭日常走路的感觉做动作，否则就容易出现向后打滑的现象。同时，为了增强对冰刀的控制力与适应性，在行进过程中不要让冰刀前后滑动，只让脚往前挪动，加强练习效果。见图7-13。

扫码观看视频

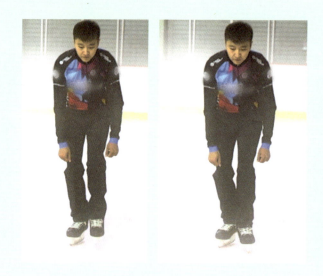

图 7-13　冰上行走

冰上直线滑行练习

冰上原地侧蹬收腿

基本姿势准备，双手放松下垂，一条腿侧向蹬出。为了体会在冰上蹬动的感觉，在侧蹬时应使冰刀内刃贴在冰面上，轻轻用力蹬出，用力程度以能够蹬出些许冰沫为准。侧蹬腿收回，靠拢至支撑腿侧即完成一次侧蹬收腿动作，再用相同方法换另一侧腿蹬动，两腿交替完成侧蹬收腿练习。见图7-14。

扫码观看视频

图 7-14　冰上原地侧蹬收腿

冰上移动重心

基本姿势准备，两脚开立，略比肩宽，用冰刀内刃踩住冰面，鼻尖在冰面的投影点在两脚的中间。待稳定后，身体重心向一侧腿移动，直至身体的全部重量落在这条腿上，并且支撑腿的脚踝外倒，用冰刀的外刃支撑。移动过程中，体会每只脚下的冰刀与冰面的接触点分别经历内刃、平刃、外刃的转换，以及身体重心从一条腿慢慢移动到另一条腿的过程。见图7-15。

扫码观看视频

图 7-15　冰上移动重心

冰上跳换腿

扫码观看视频

先侧蹬出一条腿，鼻尖与支撑腿的膝关节和脚尖三点一线对齐，支撑腿用平刃支撑。待稳定后，侧蹬腿收回，在两脚靠拢的一瞬间，支撑腿向上略微跳起，随即向侧蹬出，完成换腿侧蹬动作。在跳换腿过程中，注意重心要保持稳定，不要上下起伏过大。随着动作的熟练可加快换腿的频率，也可使落地脚始终落在冰上相同的点来提高对动作的控制能力。见图7-16。

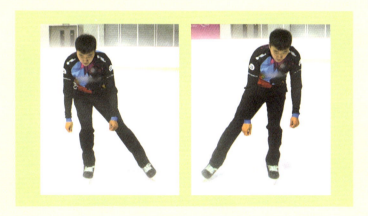

图 7-16　冰上跳换腿

同蹬同收

扫码观看视频

基本姿势准备，两脚外八字站立。稳定后，两腿内侧肌肉发力，双脚同时用冰刀内刃蹬冰面向前滑进。两脚宽度至1米左右时再用两腿内侧肌肉发力使两腿夹收靠拢。重复上述动作，逐渐做出连贯滑行的动作，并加快同蹬同收的动作频率。每一步的滑行轨迹呈两条弧线，即达到最佳练习效果。见图7-17。

图 7-17 同蹬同收

单蹬双滑

利用侧蹬技术蹬动，每次蹬动后两脚并拢，平刃支撑，使身体自由滑行，2秒后换另一条腿蹬动，重复上述动作。见图7-18。

扫码观看视频

图 7-18 单蹬双滑

冰上转弯滑行练习

单腿连续侧蹬

利用单腿连续侧蹬转圈滑行，支撑腿与脚踝同时向外侧倾倒并用外刃支撑，鼻尖始终与支撑腿的膝关节对齐。练习时，滑行的圈不可太小，以直径6~8米为佳。随着动作的熟练，可放慢侧蹬腿收腿的速度，增加支撑腿支撑滑行的距离；随着速度的增加，可加大身体向内侧倾倒的角度和扩大滑行圈的直径。

交叉步行走

膝关节微屈，两臂辅助平衡，先右腿侧蹬，蹬动距离与肩同宽，身体向左移动，左脚用冰刀外刃支撑，身体重量集中在左腿上。之后，右腿大腿带动小腿抬起，膝关节领先，右脚从左脚上方掠过，随后冰刀中央落地，鼻尖与右腿膝关节对齐，两脚距离与肩同宽。稳定后，左腿收回，右腿顺势侧蹬，完成一个完整的复步。见图7-19。

扫码观看视频

图 7-19 交叉步行走

交叉步滑行

膝关节微屈，两臂辅助平衡，在滑行过程中，上体在肩的带动下绕身体纵轴向左转动，转至左手指向滑行轨迹的圆心即可。在滑行过程中，眼睛始终盯着圆心方向。初次练习时蹬动力量可小些，随着动作的熟练可加大蹬动力量，增加交叉步滑行的速度。见图7-20。

扫码观看视频

图 7-20 交叉步滑行

交叉步定型

基本姿势准备，侧蹬后侧蹬腿定型两秒，之后做交叉步。两腿交叉时两脚距离与肩同宽，并定型，保持2秒后再收腿进行下一个动作循环。滑行过程中，应用力控制两脚的滑行方向，避免两脚相撞。如遇交叉时后脚冰刀出现横拖现象，可使左脚脚尖往脚踝方向勾起，使两冰刀滑行方向一致。

轮转冰转项影响因素分析

速度滑冰作为冬奥会的传统大项，其整体水平颇能体现一个国家的冬季项目发展程度。纵观世界冬奥列国，在速度滑冰项目上夺得金牌数量多的国家，大都在该项目上有着深厚的群众基础和充分的后备人才。滑冰项目要想达到世界先进水平，必须在人才储备上下功夫。

国家体育总局冬季运动管理中心借冬奥备战之机，在2016年提出轮转冰项目，该项目旨在从轮滑项目的运动员中选拔优秀青年选手从事速度滑冰项目，从而提升我国速度滑冰项目的整体水平，为该项目储备充足的人才。轮转冰项目是实施"北冰南展西扩东进"战略的一项重要举措。项目一经实施就卓有成效。轮转冰选手在全国速度滑冰锦标赛中崭露头角，拼搏在冬奥会的赛场上。

轮转冰项目的提出主要基于南方深厚的轮滑群众基础和两个项目技术的共通性。要想推动我国轮转冰项目的发展，就要把握转项中的科学规律，让更多的青少年轮滑运动员愿意从事冰上项目。为了响应国家政策，推动冰上项目发展，各地区轮滑专业队伍、俱乐部的青少年轮滑运动员在教练指导下纷纷采用冰轮双栖的轮转冰训练模式。这种新型后备人才培养模式符合跨项选材的基本规律。

虽然轮滑与滑冰技术相通，但是两个项目也有诸多差异，如场地规格差异、器材结构差异等。这些差异会给项目转换带来一定影响。为了更好地推广轮转冰项目，增加我国冰雪竞技人才数量，下面将对几个主要的转项影响因素进行分析，以帮助相关运动员更好、更高效地进行项目转换。

1. 树立信心

建立转项运动员的自信心是转项成功的基础。在进行转项训练之前应对转项运动员详细介绍轮滑和滑冰在技术、规则方面的差异，让转项运动员做到心中有数。同时，还要进行积极的心理引导，消除运动员的顾虑，帮助其树立信心。

2. 冰感的建立

进入系统的冰上技术和体能训练之前应先进行运动员的冰感建立训练，要使转项运动员了解滑行感觉差异是如何形成的。在训练中多运用科学的培养冰感的辅助练习手段，尽快使运动员适应在冰面滑行，帮助其更好地把精力放在技术与体能提升上。

3. 训练年限

较长的轮滑训练年限可以为运动员转项滑冰带来一定的优势，这主要体现为体能的积累及滑行技术的高熟练度可对转项的适应能力及转项后的技术再提高起到一定的促进作用。较短的轮滑训练年限会给轮转冰青少年运动员的自信心带来一定的影响，特别是同队中有训练年限较长者时尤为突出。通过研究及现场调研发现，训练年限不是转项成功与否的决定性因素。因此，教练及家长应对轮转冰运动员做积极的心理引导，消除运动员的顾虑。

4. 转项期

调查显示，轮转冰训练的转项期是客观存在的，其期限普遍为2年左右。在转项期内，因为转项运动员的技术、情绪、自信心都处于不稳定状态，所以帮助运动员尽快度过转项期是教练努力的目标。同时，还要使转项运动员了解转项期内容易出现的问题及困难，加强对自身的了解，尽快度过转项期，以更好的状态投入到冰上训练中。

5. 场地与器材

场地与器材是轮转冰训练中最先带给运动员项目差异感的因素，因此尽快适应器材也是帮助青少年运动员建立自信心的重要因素。为了使运动员更快适应场地器材带来的差异，在转项训练前应利用适应器材的辅助训练、小游戏等手段来帮助运动员加快提升对器材控制能力，提高其对转项训练的兴趣，增强适应器材的效果。

6. 其他

有学者认为，知觉行为控制的内部与外部因素的控制力与行为主体从事行为的自我效能感相同。从另一个方面提高转项运动员对转项行为的自我效能感，对提高转项运动员的转项积极性具有良好的作用，所以，教练可利用提高自我效能感的方法和训练手段来更好地增强转项训练的效果。